날·마·다·찾·아·가·는

수험생을 위한
100일 기도문

날마다 찾아가는
수험생을 위한 100일 기도문

초판 1쇄   2016년 6월 30일
    4쇄   2022년 7월 5일

지은이 강성화
펴낸이 이태형
펴낸곳 국민북스
마케팅 김태현
디자인 디자인원

등록번호 제406-2015-000064호
등록일자 2015년 4월 30일
주소 경기도 파주시 와석순환로 307, 1106-301 우편번호 10892
전화 031-955-0701
이메일 kirok21@naver.com

ISBN 979-11-957410-4-5 03230

날·마·다·찾·아·가·는

수험생을 위한 100일 기도문

강성화 지음

국민북스

대학 진학을 위해
집중적인 기도가 필요한 100일

"여호와는 나의 목자시니 내게 부족함이 없으리로다 그가 나를 푸른 풀밭에
누이시며 쉴 만한 물가로 인도하시는도다. - 시편 23:1 ~2

　5월에 이른 더위가 찾아오더니 6월은 한여름 날씨처럼 더위가 한
창입니다. 푸른 초장과 쉴 만한 물 가로 인도하시는 하나님의 은혜가
이 여름 동안 가을의 결실을 바라며 땀 흘려 수고하는 수험생들과 그
의 가족들, 옆에서 지도하는 교사들, 함께 입시의 길을 걸어가는 친구
들에게 함께하기를 간절히 기도합니다.

　대학 진학을 준비하는 학생들에게 이 한해는 참으로 멀고 고생스

럽습니다. 수시 전형이 증가하면서 대학 진학을 준비해야 하는 유형도 다양해졌습니다. 수능일이 100일 앞으로 다가온 8월부터 11월 수능일까지는 수험생들에게 대학 진학을 위한 결정적인 기간입니다. 수험생들은 무더운 여름 방학 중에도 대학 진학에 필요한 수업을 듣는 한편, 다양한 활동들을 보완하며 충실히 지내야 합니다.

수험생들은 개학하면 9월 수능 모의평가를 치르며, 그 문제들을 통해 자신의 실력을 객관적으로 평가해 봅니다. 9월에는 2, 3년제 대학의 1차 수시 전형과 4년제 대학 수시 지원이 진행됩니다. 이어서 대학에서는 1단계 수시 합격자를 발표하고 면접 대상자들의 면접을 진행합니다. 수시 지원 학생들의 합격 소식이 어쩌다가 들려오고 수능시험일이 점점 다가오면 교실은 긴장감과 부러움, 기대감이 교차하는 묘한 분위기가 조성됩니다.

드디어 수능시험의 날, 대한민국에서 감히 '가장 강력한 종교'라고 부를 수 있는 대학교의 위세를 체험하게 됩니다. 고등학교마다 수능시험을 치르는 학생들을 격려하는 행사를 하며, 수능시험 당일날 고사장에는 후배들과 학부모들이 새벽부터 진을 치고 있습니다. 하루종일 수능시험을 치르고 난 다음날부터 고등학교는 고생한 수험생들을 위해 자율 프로그램을 진행합니다.

따라서 수능시험을 100일 앞둔 시점부터 수능시험일까지가 대학 진학을 위해 집중적인 기도가 가장 필요한 시기입니다. 수험생뿐 아니라 부모, 교사, 친구, 친지 등 수험생을 둘러싸고 함께 고생하는 이들에게도 주님의 위로와 평강이 필요합니다. 이렇게 어렵고 힘든 기간을 모두 잘 견뎌내고 파도를 넘어 소망하는 항구에 도달할 수 있도록 수험생을 위한 100일 기도문을 썼습니다. 이 기도문은 앱과 연동하여 날마다 수험생 곁으로 찾아갈 것입니다. 무덥고, 쌀쌀하고, 추운 계절을 지나 결실을 맺는 그날까지 수험생들 곁에서 건강과 지혜, 평안, 찬송, 위로를 구하는 능력 있는 기도가 되어 살아 계신 하나님의 은혜를 날마다 체험하는 복된 기도문이 되기를 소망합니다.

　기도문이 책이 되어 여러분 곁에 갈 수 있도록 도와주신 국민북스 이태형 대표님과 김태현 실장님, 기도문 1, 2 사용을 허락해 주신 이오규 목사님, 기도문을 부지런히 워드로 정리해 준 변혜미 주임과 최진성 간사님 그리고 한미경 선생님께 감사드립니다. 언제나 곁에서 기도로 격려해 준 든든한 지원자 남편 김병철 목사와 세 아이 현기, 현정, 진기와 기도의 열매를 나눌 수 있어서 기쁘고 감사합니다.

　부족한 저에게 기도를 가르쳐 주시고, 하나님께 가까이 갈 수 있도록 본을 보여주신 아버님, 어머님께 감사드립니다. 매일 매일의 기도문이 금향로에 담겨 하나님 전에 올라가 하나님의 마음을 움직이는 은혜의 기도들이 되기를 간절히 바라며 모든 영광을 주님께 올려 드립니다.

은혜의 단비를 기다리며
강성화

목차

 1장

수능 100일 전 및 수시 준비 • 24

2장

대학수학능력 모의평가 및 수시 지원 • 84

3장

수시 1단계 합격자 발표, 면접 • 152

수능시험 • 224

날마다 찾아가는 수험생을 위한 100일 기도문

마음을 여는
기도

기도하면

- 조지 뮬러

기도의 무릎을 꿇으면
하늘 문이 열린다.
답답했던 삶에 환한 빛이
들어오기 시작한다.

기도하면
신기하게도
불가능한 일들이 가능해진다.
꼬였던 것들이 풀어지기 시작한다.
기도의 시간에 온갖 해결책이 떠오른다.

기도하면
신비한 섭리가 일어난다.
기도하면서 걷다 보면
어느덧 내가 함정과 지뢰밭도
무사히 지나갔음을 알게 된다.

기도하면
감추었던 내 미래와 축복들이 나타난다.
내 인생을 향한
크고 놀라운 계획이 펼쳐지기 시작한다.

기도하면
나를 위하여 누군가가 움직인다.
둘이서 기도하면 하늘 문이 열린다.
부부가 마음을 합해서 기도하면
그 가정에 불가능한 일이 사그라진다.

그래서
기도하는 부부는 가장 강하고
부요한 사람들이다.

기도하면
문제가 작아진다.
문제를 내려다보게 된다.

기도하면
사람들의 인기와 인정에서
자유하게 된다.

기도하면
용서의 힘이 생긴다.

기도하면
상처가 치유된다.

기도하면
마음이 넓어진다.

이 놀라운 약속에도
불구하고 여전히
가난하고 비천한가?

기도하면
더 깊은 은혜의 사람
더 놀라운 능력의 사람이
될 수 있다.

이 세상에는 단 하나의
빈곤이 있을 뿐이다.
그것은 기도의 빈곤이다.

기도 1

- 이오규

나의 도움이 천지를 지으신
여호와 하나님께 있으면
나는 안전합니다.

언제나 당신에게로 돌아가는
영혼들을 외면하지 않으시고,
따스한 품으로 안으시며
치유하시는 주님은
자라는 모든 생명을 싹틔우고 키우시는 분이오니
나를 영적인 성숙으로 이끄시고 지도하소서.

주님의 힘은
어떤 만물의 힘보다 강하십니다.
당신께 가까이 다가서기를,
더 가까이 가기를 몸부림치는
영혼에게 채워 주소서.

주의 말씀은 나의 발에 등이 되고
나의 길에 빛이 되시니
우둔함을 벗겨 주시고
총명의 눈을 열어 주소서.

기도 2

- 이오규

오, 주님.
당신은 이 세상에서 가장 사랑이 많으십니다.
주님 안에 과거와 현재와 미래가 있습니다.

내가 주님을 얻지 못하면
결코 안식과 자유는 없습니다.
믿음으로 살겠다고 다짐하다가도
작은 유혹에도 흔들리고
사소한 바람에도 쓰러지고 맙니다.

억제하지 못하는 나의 정욕으로
긴 시간을 방황하고 슬픔 속에 빠졌습니다.
가시나무 아래에서도 감사할 수 있는
은혜를 내려 주시고
거짓과 허영에서 벗어나도록
종에게 기름 부어 주옵소서.

나의 한숨과 영혼의 고통이
주님의 긍휼의 손길을 움직이는
부르짖음이 되게 하옵소서.

날마다 찾아가는 수험생을 위한 100일 기도문

1장

수능
100일 전 및
수시 준비

밀알

"내가 진실로 진실로 너희에게 이르노니 한 알의 밀이
땅에 떨어져 죽지 아니하면 한 알 그대로 있고 죽으면
많은 열매를 맺느니라"

- 요한복음 12:24

하나님 아버지, 8월의 무더위가 기승을 부리고 있습니다. 나무 위에서 아침부터 울어대는 매미 소리는 수험생들의 신경을 자극합니다. 오늘은 수능시험을 100일 앞둔 날입니다. 지금까지 지켜 주시고 건강을 주신 아버지 하나님의 은혜에 감사드립니다. 수능시험까지는 많은 날이 남아 있다고 생각했는데, 이제 100일을 앞두고 있습니다. 아직도 많은 학생들이 중요 과목인 국어, 영어, 수학 과목에 자신이 없습니다. 또한 여름 동안 탐구 과목을 잘 준비해야 하는 다급한 마음이 있습니다.

학생들은 교과 내신 성적을 참고하여 수시 지원과 정시 지원을 선택합니다. 그런데 많은 학생들이 칼로 무를 썰 듯이 수시와 정시를 딱 잘라 선택할 수 없어 둘 다 준비하는 경우가 많습니다. 이미 수시 지원을 위한 교과 성적은 1학기 학기말 고사를 끝으로 마무리했지만, 수시 지원에 필요한 여러 활동들을 이 여름 동안 보충해야 합니다. 논술 전형에 합격하려면 수능 최저 학력을 요구하는 대학들이 있어 한 편으로는 수능시험 준비도 꾸준히 해야 합니다.

하나님 아버지, 수험생들이 대학 진학을 위해 이 여름에도 학교와 학원, 그리고 봉사 기관들을 다니며 부지런히 준비하고 있습니다. 고 1, 2 때는 그래도 고3이 되어서 열심히 하면 될 거라고 생각하며 조금은 자유롭게 생활했는데, 돌이켜보면 그렇게 보낸 일이 매우 후회스러운 학생들도 있습니다.

하나님 아버지, 이들의 속상함이 단순히 목표 없이 자신이 원하는 것을 막연히 쫓아가며 시간을 허비하고 에너지를 소비한 것에 대한 후회가 아니라, 자신이 원하는 대로 자신만을 위해 살았던 삶에 대한 반성이 되게 하옵소서.

"내가 진실로 진실로 너희에게 이르노니 한 알의 밀이 땅에 떨어져 죽지 아니하면 한 알 그대로 있고 죽으면 많은 열매를 맺느니라"(요한복음 12:24)는 예수님의 말씀을 믿습니다. 이들의 삶이 자신만을 위한 삶이 아니라 나라를 위한 삶, 가족과 이웃, 하나님을 위한 삶이 되게 하시고, 많은 열매를 맺는 복된 삶이 되게 하옵소서. 무릎 꿇고 기도하는 수험생들을 긍휼히 여기시고, 길과 진리 되신 예수님을 만남으로 마음이 새롭게 되어 거룩한 비전의 사람들이 되게 하옵소서.

하나님 아버지, 수험생들이 앞으로 남은 기간 목표를 향해 흔들림 없이 나아가도록 건강과 풍성한 지혜를 내려주옵소서. 날마다 하나님의 선하신 인도하심을 의지하게 하옵소서.

천국과 지옥

"날마다 우리 짐을 지시는 주 곧 우리의 구원이신 하나님을 찬송할지로다."

- 시편 68:19

"수고하고 무거운 짐 진 자들아 다 내게로 오라 내가 너희를 쉬게 하리라."

- 마태복음 11:28

    하나님 아버지, 여름날의 불볕더위가 계속되고 있습니다. 오늘도 꿈과 목표를 이루기 위해 책상에 앉아 있는 외로운 수험생들을 기억하여 주옵소서. 꿈은 천국에 가깝고 현실은 지옥에 가깝다고 말한 유니클로 사장 야나미 다다시의 말이 생각납니다.

    자신의 목표를 성취하기 위해 지옥 같은 현실을 딛고 일어선 사장님의 말씀이 우리 수험생들이 넘어야 할 현실과 같습니다. 그러나 주님께서는 우리를 지옥 같은 현실에 내버려두지 않으십니다. 우리들이 자신의 의지가 아닌 하나님의 은혜로 천국의 평안을 누리기를 원하십니다. 그리고 아버지께서 친히 우리 현실의 무거운 짐을 지시겠다고 말씀하셨습니다.

    "날마다 우리 짐을 지시는 주 곧 우리의 구원이신 하나님을 찬송할지로다"(시편 68:19).

    수험생들이 대학 진학이라는 무거운 짐에 눌리지만, 이 짐도 하나님 아버지께 맡기기를 원합니다. 예수님은 친히 "수고하고 무거운 짐 진 자들아 다 내게로 오라 내가 너희를 쉬게 하리라"(마태복음 11:28)고 말씀하셨습니다. 고 말씀하셨습니다.

하나님, 우리 학생들에게 쉼이 필요합니다. 그러나 이들은 수능시험이 걱정되어 쉴 수가 없습니다. 모두들 휴가를 떠나도 마음에 여유가 없어 쉴 생각조차도 할 수 없습니다. 수험생을 둔 가족들도 역시 수험생을 남기고 휴가를 가기가 어렵습니다. 이 더위에 하루 종일 공부하는 것이 얼마나 어려운지요!

하나님 아버지, 입시의 무거운 짐을 예수님께 내려놓게 하옵소서.

"나는 마음이 온유하고 겸손하니 나의 멍에를 메고 내게 배우라… 이는 내 멍에는 쉽고 내 짐은 가벼움이라 하시니라"(마태복음 11:29~30).

믿음으로 예수님께 나아가 예수님이 주시는 멍에를 메고 배우게 하옵소서. 사람들은 지옥과 같은 현실 속에서 천국과 같은 꿈을 꾸면서 발버둥 칩니다. 그러나 예수님이 주시는 멍에는 쉽고 가볍다는 것을 인정하지 않으려 합니다.

하나님 아버지, 비록 현실은 이 무더위 한가운데서 입시와 씨름하고 있지만 예수님과 함께 멍에를 메는 믿음을 주시고, 그것을 체험함으로 새로운 힘이 솟아나게 하옵소서. 오늘도 수험생들이 예수님과 동행하는 천국의 삶을 맛보게 하옵소서.

독수리같이 새롭게 하심

주께 가오니 날 새롭게 하시고
주의 은혜를 부어 주소서
내 안에 발견한 나의 연약함
모두 벗어지리라 주의 사랑으로
주 사랑 나를 붙드시고
주 곁에 날 이끄소서
독수리 날개 쳐 올라가듯
나 주님과 함께 일어나 걸으리
주의 사랑 안에

하나님 아버지, 새날이 밝았습니다. 아버지께서 주신 새날이지만 방학 중에 있는 학생들에게는 긴장감이 떨어져 새날로 받아들여지기가 쉽지 않습니다. 그리고 수험생들은 하루 종일 비슷한 일정으로 생활하기 때문에 새로운 날이 밝아도 새롭게 느끼기가 어렵습니다.

그러나 하나님은 "좋은 것으로 네 소원을 만족하게 하사 네 청춘을 독수리 같이 새롭게 하시는도다"(시편 103:5)라고 말씀하셨습니다. 새날을 선물로 주신 하나님 아버지, 감사합니다. 수험생들이 방학 중에 지치고 무기력증에 빠지지 않도록 독수리같이 새롭게 하옵소서. 마음에 품은 소원을 이루도록 날 수 있는 새 힘을 주시옵소서. "어리석은 자의 퇴보는 자기를 죽이며 미련한 자의 안일은 자기를 멸망시키려니와"(잠언 1:32)라는 성경말씀을 마음에 새기게 하옵소서.

오늘도 목표로 정해 놓은 일들이 있습니다. 계획한 일들이 있습니다. 오늘 하루 종일 어리석은 자처럼 퇴보하지 않게 하시고, 안일하게 생활하지 않도록 새롭게 하시며 새 힘을 주셔서 앞으로 전진하게 하옵소서. 후회 없는 하루가 되도록 하나님 아버지의 말씀과 거룩한 소원이 마음속에 새겨지게 하옵소서.

마지막 순간을 마음속에 새긴 채 시작하라.
스티븐 코비

진실한 친구 예수

내 진정 사모하는 친구가 되시는
구주 예수님은 아름다워라
산 밑에 백합화요 빛나는 새벽별
주님 형언할 길 아주 없도다
내 맘이 아플 적에 큰 위로되시며
나 외로울 때 좋은 친구라
주는 저 산 밑에 백합 빛나는 새벽별
이 땅 위에 비길 것이 없도다
- 찬송가 88장

하나님 아버지, 우리의 친구 되신 예수 그리스도로 인하여 감사드립니다. 우리 모두는 이 세상에서 미지의 길을 함께 갈 수 있는 친구들이 필요합니다. 청소년기는 특히 친구들의 영향이 부모보다 더 큰 시기입니다. 친한 친구들이 있으면 학교생활이 즐겁고 마음이 편안합니다. 그러나 친구가 없거나 친구들로부터 따돌림을 받으면 마음에 상처가 깊이 새겨져서 공부에 집중할 수 없습니다.

부모에게조차 말 못하는 것들을 친구에게 털어놓기도 하지만, 친구가 모든 것을 다 이해하거나 다 해결할 수는 없습니다. 수험생들은 특별히 긴장되는 시간들을 보내기 때문에 슬프고 힘들 때 한결같고 능력 있는, 진실한 친구가 필요합니다. 어떤 때는 중요한 시험을 앞두고 친한 친구들이 경쟁자가 되기도 합니다. 방학 중에는 그나마 친구들도 뿔뿔이 흩어져 허전하고 답답한 마음을 나눌 수 없을 때가 많습니다.

오늘도 우리를 친구라고 불러 주신 예수님, "사람이 친구를 위하여 자기 목숨을 버리면 이보다 더 큰 사랑이 없나니"(요한복음 15:13)라고 말씀하시고 그 말씀대로 죄인 된 우리를 위해 돌아가신 예수님께 한없는 감사를 드립니다.

진실한 예수님이 시험 준비를 하고 있는 학생들의 참된 친구임을 믿고 의지하게 하옵소서. 혼자 있어 외롭고, 답답하고 슬퍼도 한없는 사랑으로 감싸 주시며 친구로 받아 주시는 예수님으로 인해 기뻐하며 예수님처럼 친구들을 사랑으로 대하게 하옵소서.

하나님 아버지, 우리에게 친구 되신 예수님을 보내 주셔서 정말 감사합니다.

신뢰의 길은 말할 것도 없이 모험의 길이다.
모험 없는 삶이란 삶을 버리는 모험이다.
브레넌 매닝

능력

오! 주 우리 하나님 날개 그늘 아래서
우리가 소망을 가지게 하소서.
우리가 어릴 때나 백발이 되었을 때나
당신은 우리를 돌보시는 분이십니다.
당신의 힘이 당신의 것일 때
그것은 참된 능력입니다.
그러나 그것이 우리 자신만의 힘일 때
그것은 능력이 아니고 약함입니다.

우리는 당신께로 돌아갑니다.
당신이 창조하신 것들을 의지하지만
언제나 그것을 넘어서
그것들을 만드신 당신에게로 갑니다.
- 성 어거스틴

하나님 아버지, 새날이 밝았습니다. 주말에도 수험생들은 마음의 짐을 내려놓지 못하고 무더위 속에서 신음합니다.

수험생들이 성 어거스틴의 기도문을 묵상하며 아버지 하나님의 날개 그늘 아래서 소망을 갖게 하옵소서. 뜨거운 태양 빛을 막아 줄 아버지의 날개 그늘 밑에서 강건해지는 능력을 경험하게 하옵소서.

"여호와와 그의 능력을 구할지어다 항상 그의 얼굴을 찾을지어다"(역대상 16:11).

우리의 연약함이 아버지 하나님께로 돌아갈 때 능력이 됨을 깨닫게 하옵소서.

무엇보다 우리가 생각해야 할 것은 하나님의 삶이 아주 신나는 삶이며
그분이 기쁨으로 충만해 있다는 사실이다.
댈러스 윌라드

예수님께 매임

성자의 귀한 몸 날 위하여

버리신 그 사랑 고마워라

내 머리 숙여서 주님께 비는 말

나 무엇 주님께 바치리까

- 찬송가 216장

하나님 아버지, 대한민국에 해방을 주시고 가난에 허덕이던 이 민족에게 경제적으로도 넘치는 복을 주심을 감사드립니다. 주님은 IMF의 어려운 상황에서도 국민들이 힘을 합쳐 어려움을 극복하게 하셨고, 뉴욕의 금융가로부터 불어 닥친 세계적인 금융 위기에서도 견딜 수 있는 힘을 주셨습니다.

우리의 자녀들이 이 방학 동안에도 진학 준비를 위해 수고의 땀을 흘리고 있습니다. 어떤 자녀들은 큰 꿈을 품고 미국, 영국, 일본, 중국, 호주 등으로 유학의 문을 두드립니다.

하나님 아버지, 우리가 꿈을 꾸고, 이루기 어려웠던 목표를 달성하며, 세계 속에 대한민국의 존재감을 알리게 된 것은 모두 하나님 아버지의 은혜입니다. 피투성이가 된 대한민국의 처절한 고통을 외면하지 않으시고, 굶주림 속에서 하나님께 부르짖어 기도했던 믿음의 선배들의 기도를 들으시며, 크고 넓은 손을 펴시고 은혜를 부어 주신 하나님께 감사드립니다.

"그러므로 아들이 너희를 자유롭게 하면 너희가 참으로 자유로우리라"(요한복음 8:36)고 말씀하신 하나님, 해방의 은총 속에서 예수님의 순종과 희생을 기억하게 하옵소서. 예수님의 고통이 우리의 소망이 되었고, 예수님의 순종이 우리를 죄의 억압에서 풀어 주시며 자유를 얻게 하셨습니다. 가시관에 찔려 선명하게 흐르는 예수님의 보혈이 새 생명의 능력이 되셨습니다.

주님이 흘리신 보혈로 우리의 자녀들, 이제 미래를 위해 여름과 싸우고 있는 수험생들의 머리와 온몸을 적시게 하옵소서. 온 인류의 죄를 담당하시고 죄 사슬의 결박을 풀어 주신 주님의 은혜를 기억하게 하옵소서. 이 자녀들을 통해 주님의 보혈의 능력이 세상 곳곳에서 나타나게 하옵소서.

하나님 아버지, 대학 진학에 얽매인 수험생들의 마음을 풀어 주옵소서. 새벽이슬과 같은 청년들이 오직 주님께 매이게 하옵소서. 주님께 매임이 진정한 자유임을 깨닫게 하시고, 사람을 살리고 주님의 나라를 함께 이루어 갈 비전의 사람들로 거듭나게 하옵소서.

무더위 속의 쉼

"여호와께서는 자기에게 간구하는 모든 자 곧 진실하게
간구하는 모든 자에게 가까이 하시는도다 그는 자기를
경외하는 자들의 소원을 이루시며 또 그들의 부르짖음을
들으사 구원하시리로다."

- 시편 145:18~19

하나님 아버지, 입추가 지나 가을에 들어섰다고 하지만 여전히 더
위가 식을 줄 모르고 아침부터 더운 바람이 불어옵니다. 여름방학 동
안 공부와 씨름하는 수험생들은 물론이고 길가에 서 있는 나무들도
더위에 숨을 죽이고 지친 이파리들을 늘어뜨리고 있습니다.

산들바람과 시원한 소낙비가 기다려집니다. 안양천을 따라 달리는
서부간선도로 가의 언덕에는 여러 꽃들이 피어 계절을 알려 줍니다.
새봄 개나리꽃이 피고 곧이어 흐드러지게 벚꽃이 피면 보는 이의 탄
성을 자아냅니다. 벚꽃이 지고 난 후 돋아난 이파리들은 신록의 계절
에 푸름을 간직하고 그늘을 만듭니다. 하나님이 보내 주신 바람이 나
뭇잎을 흔들어 나무 그늘 밑에 있는 사람들을 시원하게 해줍니다.

하나님 아버지, 사방에 그늘이 있어도 우리 학생들은 학교에서 여
름 보충수업을 하거나 학원에서 수업을 들으면서 에어컨 냉기에 더

위를 맡길 수밖에 없습니다. 에어컨 바람이 부는 네모난 교실에서 공부와 씨름하는 학생들에게 창을 열고 매미소리를 들으며 더위를 식힐 수 있는 마음의 여유를 주시옵소서.

봄, 여름, 가을, 겨울.

하나님 아버지께서 하루도 쉼 없이 새날을 주심으로 온 천지에 있는 생명들이 자라고 있습니다. 오늘도 수험생들이 잎새에 부는 바람, 맴맴 매미소리, 꽃 사이를 팔랑팔랑 날아다니는 나비의 몸짓, 그리고 저무는 서편 하늘의 아름다운 노을을 보고 듣고 느끼며 피곤한 마음이 쉼을 얻고, 힘을 내어 이 무더위를 이겨내게 하옵소서.

이들의 간구를 들으시고 은혜를 베풀어 주옵소서. 주님을 경외하는 자의 소원을 이루어 주옵소서.

"여호와께서는 자기에게 간구하는 모든 자 곧 진실하게 간구하는 모든 자에게 가까이하시는도다 그는 자기를 경외하는 자들의 소원을 이루시며 또 그들의 부르짖음을 들으사 구원하시리로다"(시편 145:18~19).

기도는 신자의 유일한 무기다.
프란시스 톰슨

회복시키는 하나님

"여호와께서 시온의 포로를 돌려보내실 때에 우리는 꿈꾸는 것 같았도다."

- 시편 126:1

하나님 아버지, 대한민국은 36년 동안의 일제 강점기에서 신음했습니다. 나라를 잃고, 신앙의 자유와 언어도 잃고, 이름마저도 잃은 우리 민족을 사랑하사 모든 것을 회복시켜 주셔서 진심으로 감사를 드립니다.

이스라엘 민족을 바벨론 70년 동안의 포로 생활에서 풀어 주신 하나님, "시온의 포로를 돌려보내실 때에 우리는 꿈꾸는 것 같았도다"(시편 126:1)라고 시편에 기록된 것처럼 우리나라의 해방도 꿈꾸는 것 같았습니다. 해방과 더불어 6·25 사변으로 폐허가 된 이 땅을 회복시켜 주셔서 아시아 대륙의 한쪽 구석에 붙어 있는 이 나라를 젖과 꿀이 흐르는 땅으로 축복해 주셨습니다.

우리의 젊은이들이 가난을 이겨내려고 독일의 지하 광산에서, 베트남의 전쟁터에서, 사막의 뜨거운 중동 지역에서 목숨을 걸고 돈을 벌어 왔습니다. 이제는 경제적으로 원조를 받던 나라에서 원조를 주는 나라로 변했습니다. 우리나라의 한류 문화가 전 세계로 뻗어나가 세계 젊은이들을 열광케 합니다. 우리의 젊은이들이 미래를 대비하려고 밤늦게까지 교실에 불을 밝히고 학업에 전념하고 있습니다.

이 모두가 하나님의 은혜입니다. 자식을 험한 일터에 보낸 어머니들의 간절한 새벽기도가 주님의 보좌를 흔들었습니다. 가난 속에서도 어려울 때마다 철야기도, 금식기도를 하며 부모님들은 절대로 물러서지 않았습니다. 풀릴 것 같지 않은 문제를 두고 기도하며 매달리는 성도들에게 주님께서 긍휼함을 베풀어 주셨습니다.

우리 민족에게 해방을 주신 하나님, 저 북녘 땅에 있는 우리의 동포들을 기억하여 주시고, 자비를 베풀어 주셔서 그곳에서도 진정한 해방과 신앙의 자유가 회복되게 하옵소서.

"사람의 행위가 여호와를 기쁘시게 하면 그 사람의 원수라도 그와 더불어 화목하게 하시느니라"(잠언 16:7)는 주님의 말씀을 기억합니다. 우리 민족을 사랑하셔서 부어 주신 주님의 축복을 기억하고, 하나님을 사랑하며 하나님을 기쁘시게 하는 민족이 되게 하옵소서.

오늘 하루는 모든 수험생이 자신의 현실에서 벗어나 나라와 민족을 위해 기도하고 하나님께 감사하며 꿈꾸는 것 같은 기쁨을 누리게 하옵소서.

우리가 발견해야 하는 것은 인생의 참의미이다.
폴 투르니에

무궁화 꽃

"나는 샤론의 수선화요 골짜기의 백합화로다."

- 아가 2:1

하나님 아버지, 한낮의 무더위와 밤에도 식지 않는 더위로 모두가
지쳐 있습니다. 여름 불볕더위에 수돗물을 틀면 수도관에 머물렀던
미지근한 물들이 한참 동안 쏟아집니다. 정원에 있는 화초의 이파리
들도 축축 늘어져 있는데 용케도 꽃은 피어 있습니다.

봄에 피었던 복숭아꽃·사과꽃·배꽃은 떨어졌지만, 이들은 그곳에
열매를 매달고 이 더위에도 속살을 키워 가고 있습니다. 놀랍게도 이
더위에 키도 크지 않은 무궁화나무가 줄기차게 꽃을 피우고 있습니
다. 저녁이면 꽃을 오므렸다가 다시 아침에 피고, 졌다가 다시 피면서
무궁화 꽃동산을 만듭니다. 우리나라 꽃 무궁화가 긴 여름날에도 삼
천리 방방곡곡에 꽃을 피우고 있습니다. 여러 그루의 무궁화나무들
이 흰색, 분홍색으로 어울려 피며 조화를 이루어 무척 예쁩니다.

여름 한낮에도 제자리를 지키고 열심히 공부하는 수험생들은 무궁
화처럼 연약해 보이지만, 당차고 생명력이 강한 우리의 미래이며 희
망입니다. 그 많은 꽃 중에서 무궁화가 우리나라 국화인 것은 여름날
의 더위 속에서도 꾸준히 피어나는 생명력 때문에 아닐까 하는 생각

이 듭니다. 샤론의 장미가 무궁화를 일컫는다고 들었습니다. 성경 중 아름다운 사랑의 노래 아가서 2장은 "나는 샤론의 수선화요 골짜기의 백합화로다"(아가 2:1)라는 구절로 시작합니다.

샤론의 꽃 예수, 나의 마음에
거룩하고 아름답게 피소서
내 생명이 참 사랑의 향기로
간 데마다 풍겨나게 하소서
예-수 샤론의 꽃
나의 맘에 사랑으로 피소서
- 찬송가 89장

하나님 아버지, 모든 수험생들을 기억하여 주시고 오늘도 아이들 마음에 샤론의 꽃 예수의 향기가 스며들게 하옵소서. 이 아이들이 삼천리 방방곡곡 구석구석에서 주님의 향기를 품은 샤론의 장미, 무궁화로 피어나게 하옵소서.

안전함으로 후퇴할 것이냐 발전을 향해 전진할 것이냐는 당신의 선택이다.
끊임없이 발전을 선택하고, 끊임없이 두려움을 이겨내라
에이브러햄 매슬로

평화 통일

"또 여호와의 구원하심이 칼과 창에 있지 아니함을 이
무리에게 알게 하리라 전쟁은 여호와께 속한 것인즉 그가
너희를 우리 손에 넘기시리라."

- 사무엘상 17:47

하나님 아버지, 오늘도 평안하게 하루를 시작하게 하심을 감사드
립니다. 중학교는 개학을 해서 아이들의 소리가 오랜만에 학교 운동
장과 교실에서 정겹게 흘러나옵니다. 남자아이들은 어느새 운동장
한 모퉁이에 있는 농구장에서 공을 던지며 몸을 풀고 있습니다. 아직
운동장 전체를 휘젓기에는 방학이 길었던 모양입니다.

하나님 아버지, 휴전선과 남북한 비무장 지대를 가운데 두고 영토
가 분단된 대한민국은 형제 나라이지만, 때때로 가장 무섭고 잔인한
사건들로 우리를 분노하게 하고 슬프게 합니다.

고등학교를 졸업하고 대학에 진학해 1, 2년을 보낸 대부분의 남학
생들은 군대에 입대합니다. 학교생활만 하다가 군대생활을 시작하는
군인들은 그동안 겪었던 경험과는 전혀 다른 전쟁 대비훈련을 해야
하는 현실에 마주치게 됩니다.

하나님 아버지, 학생들이 지금은 공부로 인해 다른 것을 생각하기

가 어려운 때입니다. 하지만 그다지 멀지 않은 곳에 자신들과 비슷한 또래의 군인들이 나라를 지키고 있고, 삶과 죽음을 좌우하는 훈련을 받고 있는 현실을 외면하지 말게 하옵소서. 이런 상황에서도 두려워하거나 당황하지 말게 하시고, 전쟁은 하나님께 속한 것이라는 것을 믿음으로 평화 통일을 간구하게 하옵소서.

"또 여호와의 구원하심이 칼과 창에 있지 아니함을 이 무리에게 알게 하리라 전쟁은 여호와께 속한 것인즉 그가 너희를 우리 손에 넘기시리라"(사무엘상 17:47).

주님의 구원하심이 이 민족과 함께하시기를 간구합니다.

기도는 나 자신을 표현하는 것이 아니라,
하나님의 말씀에 응답하는 법을 배우는 것이다.
유진 피터슨

간구하라, 찾으라, 두드리라

"구하라 그리하면 너희에게 주실 것이요 찾으라 그리하면
찾아낼 것이요 문을 두드리라 그리하면 너희에게
열릴 것이니 구하는 이마다 받을 것이요 찾는 이는
찾아낼 것이요 두드리는 이에게는 열릴 것이니라."

- 마태복음 7:7~8

하나님 아버지, 새날이 밝았습니다. 얼마 전 수능 100일이 남았다
고 하여 마음이 덜컹했습니다. 어느새 10일이 더 지나 오늘은 수능이
90일 남은 날입니다. 더위는 아직 우리 곁에 있는데, 시원한 바람이
더위를 몰아가듯이 수험생들의 답답한 마음이 성령의 바람으로 시원
해지게 하옵소서.

"구하라 그러면 너희에게 주실 것이요 찾으라 그리하면 찾아낼 것
이요 문을 두드리라 그리하면 너희에게 열릴 것이니 구하는 이마다
받을 것이요 찾는 이는 찾아낼 것이요 두드리는 이에게는 열릴 것이
니라"(마태복음 7:7~8)

하나님 아버지, 수험생들이 성경말씀을 의지해 대학을 구하고, 찾

고, 문을 두드리는 과정 속에 주님께서 함께 하시는 놀라운 은혜를 경험하게 하옵소서. 올해 다시 한 번 대학의 문을 두드리는 수험생들의 기도를 들어 주시옵소서. 답답한 마음을 성령의 바람으로 시원케 하시고, 두려운 마음을 주님의 말씀으로 몰아내게 하옵소서.

지혜를 구하는 수험생들의 기도를 들으시고, 지혜의 영을 부어 주시옵소서. 자신의 길을 찾아가는 수험생들에게 가장 좋은 길로 인도하시옵소서. 자신에게 좋을 뿐 아니라 하나님 아버지께 영광 돌리며 이웃과 더불어 살아갈 수 있는 생명의 길을 찾게 하옵소서.

인생의 큰 비극은 응답받지 못한 기도가 아니라, 드려지지 않은 기도다.

F. B. 마이어

주를 바라봄

괴로울 때 주님의 얼굴 보라
평화의 주님 바라보아라
세상에서 시달린 친구들아
위로의 주님 안식 주리라

눈을 들어 주를 보라
네 모든 염려 주께 맡기라
슬플 때에 주님의 얼굴 보라
사랑의 주님 안식 주리라

하나님 아버지, 일주일이 빠르게 지나가고 있습니다. 여름방학도 모두 지나고 이미 개학을 한 학교도 있습니다. 이제 곧 거의 모든 고등학교는 개학하고 2학기가 시작됩니다. 시간이 지날수록 여름방학 때 했어야 할 일들을 다 못한 것과 1, 2학년 때 못다 한 일들에 대한 괴로움이 밀려옵니다.

하나님 아버지, 우리는 그렇게 연약한 존재들입니다. 해야 할 일들을 하지 못하고, 하지 않아야 할 일들을 해서 후회하며 괴로워합니다.

이 시간 주님의 얼굴을 바라보며 위로의 주님을 바라봅니다. 어느 길을 가야 할지 모릅니다. 어느 학과, 어느 대학에, 수시로 갈지, 정시로 갈지 논술 전형을 지원해야 할지…. 아직도 확실하게 정하지 못한 채로 모든 것을 끌어안고 염려 속에 시달리는 수험생들을 불쌍히 여겨 주시옵소서.

주님의 얼굴을 바라보는 수험생들을 위해 하나님의 도를 보이시고, 아버지께서 진리의 말씀으로 지도하옵소서. 외로움과 염려 속에 슬퍼하는 수험생들을 위로해 주시고, 가야 할 길을 가르쳐 주시옵소서.

"여호와여 주의 도를 내게 보이시고 주의 길을 내게 가르치소서 주의 진리로 나를 지도하시고 교훈하소서 주는 내 구원의 하나님이시니 내가 종일 주를 기다리나이다"(시편 25:4~5).

주님을 바라보고 모든 염려를 주님께 맡김으로 수험생들이 안식할 수 있는 은혜를 주옵소서.

당신은 우연이 아니다. 당신은 최고의 장인이신 하나님이 의도적으로
계획하시고, 특별히 은사를 주시며, 사랑으로 이 땅에 두신 존재다.
맥스 루케이도

주의 말씀을 묵상

"내가 모든 재물을 즐거워함같이 주의 증거들의 도를
즐거워하였나이다. 내가 주의 법도들을 작은 소리로
읊조리며 주의 길들에 주의하며 주의 율례들을
즐거워하며 주의 말씀을 잊지 아니하리이다."

- 시편 119:14~16

나의 입술의 모든 말과

나의 마음의 묵상이

주께 열납 되기를 원하네

생명이 되신 주

반석이 되신 주

나의 입술의 모든 말과

나의 마음의 묵상이

주께 열납 되기를 원하네

나의 생명의 예수님, 주님의 날에 주께서 그동안 우리에게 주신 모든 일들로 인해 즐거워하게 하옵소서. 아직도 여름의 더운 열기가 남아 있고 수능이 88일밖에 남지 않았어도, 아버지께서 하신 지난 일들로 인해 즐거워하며 감사하게 하옵소서.

주님의 말씀을 묵상함으로 용기를 얻게 하시고 소망으로 새 힘을 얻는 복된 하루하루가 되게 하옵소서. 부정적이고 허탄한 말들을 몰아내고 감사와 즐거움의 말들을 하나님께 올려 드리게 하옵소서. 아버지 하나님의 말씀을 묵상함으로써 생명의 약속을 잊지 말게 하옵소서.

주님의 복된 말씀을 묵상하고 마음속으로 읊조리며 새 힘과 소망으로 빛나는 하루가 되게 하옵소서.

우리에게 필요한 것은 하나님의 모든 뜻을 알고자 하는 소망과
또 그것을 행하고자 하는 굳은 의지이다.
존 웨슬리

믿음의 친구들

"느부갓네살이 말하여 이르되 사드락과 메삭과 아벳느고의
하나님을 찬송할지로다 그가 그의 천사를 보내사 자기를
의뢰하고 그들의 몸을 바쳐 왕의 명령을 거역하고
그 하나님밖에는 다른 신을 섬기지 아니하며 그에게
절하지 아니한 종들을 구원하셨도다."

- 다니엘 3:28

하나님 아버지, 새날을 주셔서 감사합니다. 여름방학 동안에도 많
은 학생들이 학교에 나와 방과 후 수업을 들었는데, 학기 중에 하는
수업보다는 조금은 여유로웠습니다. 이제는 2학기를 열심히 달려가
야 합니다.

바벨론 포로생활의 힘들고 어려운 시기에도 믿음의 친구들과 함께
하나님만을 의지하고 믿음을 지켜낸 다니엘과 세 친구들처럼 수험생
들에게 굳센 믿음의 친구들을 주시옵소서. 하나님을 포기하고 세상
적인 생각들을 따르기 쉬운 청소년들에게 하나님의 말씀에 순종하고
어떤 상황에도 믿음을 버리지 않도록 믿음의 친구들을 주시옵소서.

"너희가 여호와와 함께하면 여호와께서 너희와 함께 하실지라 너
희가 만일 그를 찾으면 그가 너희와 만나게 되시려니와 너희가 만일

그를 버리면 그도 너희를 버리시리라"(역대하 15:2).

하나님 아버지, 수험생들이 새 학기에 아버지 하나님을 찾고, 만나며, 기도하는 친구들과 함께 힘차게 시작하게 하옵소서. 날마다 수능 시험일이 조금씩 가까워지지만 친구들과 함께 아버지 하나님께 가까이 가게 하시며, 아버지로부터 새 힘을 얻고 큰 믿음을 갖게 하옵소서. 간구하는 이들에게 하나님 아버지의 확실한 구원의 손길이 임할 것을 믿습니다. 아버지께서 높이실 것을 믿습니다.

"왕이 드디어 사드락과 메삭과 아벳느고를 바벨론 지방에서 더욱 높이니라"(다니엘 3:30).

우리의 신념은 언제나 꺼지지 않는 등불 같은 존재여야 한다.
그것은 우리에게 빛을 줄 뿐 아니라, 주위까지 밝게 비춰 준다.
마하트마 간디

인도하심

나의 갈 길 다가도록 예수 인도하시니
내 주 안에 있는 긍휼 어찌 의심하리요
믿음으로 사는 자는 하늘 위로 받겠네
무슨 일을 만나든지 만사형통하리라
무슨 일을 만나든지 만사형통하리라

- 찬송가 384장

　　하나님 아버지, 새날이 밝았습니다. 개학한 뒤 어수선한 분위기는
아직 학생들이 자신의 방향을 확실히 잡지 못했기 때문입니다. 담임
선생님과 상담하고 부모님과 의논도 하지만 아직까지 확실히 어느 대
학, 어느 학과에 가야 할지 정하지 못한 학생들이 수시 원서를 넣을
학교들을 찾으며 불안해 하고 있습니다.

　　지금까지 믿음으로 기도해 온 수험생들의 기도를 들으시고, 하나
님의 인도하심을 구체적으로 체험하게 하옵소서. 하나님의 사랑을
의지하고 간구할 때에 가장 좋은 길로 인도하시는 아버지 하나님의
은혜를 체험하게 하옵소서.

　　"너는 마음을 다하여 여호와를 신뢰하고 네 명철을 의지하지 말
라 너는 범사에 그를 인정하라 그리하면 네 길을 지도하시리라"(잠언

3:5~6).

하나님 아버지, 수험생들이 아버지 하나님께만 집중하기 어렵습니다. 온 가정이 수험생을 위해 함께 기도하며 가장 좋은 길로 인도하시는 하나님 아버지를 의지하게 하옵소서. 성령이 하나 되게 한 것을 힘써 지키며 부모와 형제들과 함께 기도하며 갈 길을 발견하게 하옵소서.

지금까지 인도해 주신 주님께서 믿음으로 기도하는 수험생과 가정들을 확실한 길로 인도하여 주시옵소서. 모든 것이 합력해서 선을 이룰 것을 믿으며 나아가도록 굳건한 믿음을 주시옵소서.

모든 문제를 기도로 변환시키라.
하나님께서 이미 준비해 놓으신 길이 있음에 앞서 감사하라.
그러면 어려움이 몰려올 때 그분의 도우심을 체험하게 될 것이다.
바실레아 슐링크

수시 준비

"내가 산을 향하여 눈을 들리라 나의 도움이 어디서 올까
나의 도움은 천지를 지으신 여호와에게서로다 여호와께서
너를 실족하지 아니하게 하시며 너를 지키시는 이가 졸지
아니하시리로다."

- 시편 121:1~3

　　하나님 아버지, 무더웠던 여름철이 지나가고 있습니다. 수험생들
은 여름방학 동안 조금은 자유롭게 생활했던 일과를 정리하고, 개학
후 학교생활에 조금씩 적응하고 있습니다.

　　대학 전형에서 학교생활기록부 중심의 수시 전형 문이 넓어졌습니
다. 목표했던 대학 진학을 위해 학생들은 방학 동안 생활기록부에 기
록되어야 할 모든 항목들을 꼼꼼히 점검하고, 부족한 부분들을 보충
하며 준비해 왔습니다. 한편으로는 자신이 고등학교 시절, 교과 학습
에 기울인 노력과 학교생활에서 경험한 활동 등을 중심으로 대학 지
원에 필요한 자기소개서를 작성해 왔습니다. 자기소개서를 쓰다가
수없이 버리고 다시 쓰면서 방학을 보냈습니다. 학생부 종합 전형이
아닌 특기자 전형을 준비하는 학생들은 자신들의 특기를 증명할 수상
실적, 외국어 능력 등 객관적인 자료들을 제출하면서 최대한 자신의

특기와 적성을 자기소개서에 담아내야 합니다.

수시 지원 학생들은 그동안 준비해 왔던 서류들을 수시 접수가 시작될 때까지 교사들과 상담하며 잘 마무리 지어야 합니다. 아직도 어리고 경험이 적은 학생들이 대학 진학 준비를 위해 자신들의 학창시절을 기록한 생활기록부를 검토하고 자기소개서를 작성해야 합니다.

하나님 아버지, 준비를 열심히 해왔다 해도 막상 자신의 생활기록부 기록들을 보고 자기소개서를 작성하며 걱정하는 학생들의 모습이 떠오릅니다.

그러나 지금까지 인도해 주신 에벤에셀의 하나님, 사람이 마음으로 계획할지라도 그 걸음을 인도하시는 하나님께 무릎 꿇어 기도하는 주님의 백성들을 선하게 인도하여 주옵소서. 학생들이 눈을 들어 하나님을 향해 도움을 구할 때, 머리를 숙여 주님께 간구할 때 이들에게 주님이 예비하신 길을 환하게 보여 주시고 그 길을 따라 두려움 없이 발걸음을 옮기게 하옵소서.

논술 전형

"어떤 사람은 병거, 어떤 사람은 말을 의지하나 우리는
여호와 우리 하나님의 이름을 자랑하리로다."
- 시편 20:7

　하나님 아버지, 새날을 주셔서 감사합니다. 입추, 처서가 지났어
도 여전히 여름의 늦더위는 시원한 가을바람을 간절히 기다리게 합니
다. 이제는 그만 여름이 물러가고 가을바람이 불어 한낮의 뜨거운 볕
에 머리 숙인 여름 꽃들이 시원한 바람으로 살랑대는 것을 보고 싶습
니다.

　학생부 종합 전형을 준비해 온 수시 지원생들은 교내 활동과 더불
어 교과 성적이 학생들의 학업 능력을 뒷받침해 줄 수 있는 학생들입
니다. 그런데 어떤 학생은 아무리 애를 써도 학교의 중간고사나 학기
말 시험에서 생각만큼의 결과를 내지 못하는 경우가 많아 시험 때마
다 마음 졸이고 실망하곤 합니다.

　같은 교실에서 함께 배우고 같은 날 시험을 보지만, 교과 성적은 차
이가 납니다. 정상 분포의 결과를 내는 학교도 있고, 잘하는 학생들이
많은 학교도 있습니다. 그렇지만 현실은 모두가 좋은 내신 성적을 얻
을 수 없다는 것입니다. 그리고 학교 내신은 대학 수시 진학에 결정적

으로 반영됩니다.

학생들은 학생부 종합 전형에 지원하고 싶지만 다른 대안들도 검토해야 합니다. 대학마다 학생들의 논술과 수능 최저학력으로 학생들을 모집하는 논술 전형이 있습니다. 나이든 저도 풀기 쉽지 않은 논술 문제들을 10대 학생들이 풀어야 하고 논술뿐 아니라 최저학력을 통과하기 위해 수능시험도 치러야 합니다.

하나님 아버지, 이 학생들이 다른 대안들을 찾고 있지만 그 대안도 역시 쉽지 않습니다. 대학에서 학생들을 선별하는 논술 문제들이 학생들의 잠재력을 참고해서 미래 사회에 필요한 문제들로 출제되기를 바랍니다. 불합격자를 선별하기 위해서가 아니라, 논술 능력이 뛰어나 논리적으로 사고하고, 문제를 종합적으로 판단하는 지혜롭고 창의적인 학생들을 선별하기 위한 전형이 되기를 간절히 바랍니다.

하나님 아버지, 논술 전형을 준비하는 학생들을 위로하여 주옵소서. 학교 내신이 충분하지 않은 것을 후회하기보다 또 다른 대안이 있다는 것에 마음을 추스르고 논술 준비를 통해 폭넓은 사고를 할 수 있게 하옵소서. 목표를 세우고 끝까지 인내하며 수능시험 때까지 흔들리지 않게 하옵소서. 온전히 하나님을 의지하며 어떤 상황에도 하나님의 이름을 자랑하게 하옵소서.

특기자 전형

"나의 영혼아 잠잠히 하나님만 바라라 무릇 나의 소망이

그로부터 나오는도다 오직 그만이 나의 반석이시요 나의

구원이시요 나의 요새이시니 내가 흔들리지 아니하리로다

나의 구원과 영광이 하나님께 있음이여 내 힘의 반석과

피난처도 하나님께 있도다."

- 시편 62:5~7

나의 소망이시며 구원의 반석이신 하나님 아버지, 오늘도 땅이 요
동하고 터가 흔들릴지라도 반석 되신 주님을 의지하고 흔들리지 않기
를 간구합니다.

대한민국의 수많은 대학들이 다양한 전형으로 학생들을 모집합니
다. 여름방학 동안 수시 지원생들과 정시를 준비하는 학생들은 대학
진학에 부족한 것을 채우기 위해 수고해 왔습니다. 수험생들은 하루
도 편안하게 지내지 못했을 것입니다. 개학한 이후에도 자신이 정해
놓은 길에 부족한 것을 채우느라 학교생활이 어수선합니다.

오늘은 하나님이 지으신 자녀들 중에 특별한 재능을 주신 자녀들
을 위하여 기도합니다. 이 세상을 아름답게 창조하신 하나님 아버지,
아름다운 저녁노을과 지저귀는 새소리, 흐르는 물소리, 온 들판에 가

득한 이름 모를 아름다운 꽃들, 이 모든 것들은 하나님 아버지의 작품입니다. 하나님 아버지의 형상을 따라 지음받은 하나님의 자녀들에게도 온갖 재능을 부어 주셨습니다.

음악·미술·체육과 과학, 어학 능력을 특별하게 부어 주셔서 무겁고 건조한 일상생활을 활기 있고 아름답게 만드는 기이한 재능을 가진 하나님의 자녀들을 기억하여 주옵소서. 이 자녀들이 가야 하는 길은 특별하면서도 넓지 않습니다.

하나님 아버지, 특별한 길을 가야 하는 이 학생들을 기억하시고 주님이 부어주신 재능대로 이들의 앞길을 선하게 인도하여 주옵소서. 불안해하는 영혼을 위로해 주셔서 놀라운 주님의 은혜를 감사하며 새 힘을 얻게 하옵소서.

나는 기도의 필요성을 여러 번 절실히 느꼈다. 왜냐하면 나 자신의 지혜 또는
내 주위에서 얻을 수 있는 지혜로는 불충분하기 때문이다.
에이브러햄 링컨

수험생을 위한 어머니의 기도

"좀 더 자자, 좀 더 졸자, 손을 모으고 좀 더 누워 있자 하면
네 빈궁이 강도같이 오며 네 곤핍이 군사같이 이르리라."

- 잠언 6:10~11

　　새날을 주신 하나님 아버지 감사합니다. 주말 오전은 보통날보다
는 긴 아침 안식이 있습니다. 그동안 분주했던 생활 속에서 피곤했던
몸이 쉼을 얻을 수 있고, 긴장이 이완되는 주말은 가족들을 깨우기 힘
든 날입니다.

　　주말 아침에도 어머니들은 편안하고 느긋한 시간을 갖지 못하면
서도 선뜻 일어나지 못하고 여러 생각에 붙들려 있습니다. 수험생이
있는 가정의 주부는 자신의 피곤함보다는 자녀의 건강을 더 걱정합
니다.

　　'오늘 아침에는 어떤 음식을 준비할까, 아이는 언제쯤 깨울까?' 이
런 저런 생각을 하다가 결국 벌떡 일어나 아침을 준비합니다. 아침의
대장, 어머니가 부엌에서 덜그럭거리는 소리를 내며 아침 준비를 하
는 동안 수험생 아이는 언제 일어날 것인지 고민합니다.

　　하나님 아버지, 오늘도 이 아이가 후회하지 않고 새날을 충실히 보
내기 위해 가벼운 마음으로 아침을 맞게 하옵소서. 아침시간을 잠자

리에서 다 보내고 불편한 마음으로 후회스럽게 일어나면 자신뿐만 아니라 온 가족이 불안감에 싸일 수 있습니다.

"좀 더 자자, 좀 더 졸자, 손을 모으고 좀 더 누워 있자 하면 네 빈궁이 강도같이 오며 네 곤핍이 군사같이 이르리라"(잠언 6:10~11)는 말씀으로 저의 게으름을 일깨워 주시는 아버지 하나님, 이 아이들은 게을러서가 아닙니다. 피곤과 걱정과 두려움으로 아침에 일어나지 못하는 것입니다.

주님, 아이들 잠자는 곁에 보호하는 천사를 보내 주시옵소서. 아직도 일어나지 못하고 아침을 허비하여 가족들을 불안하게 하는 이 가정에 생기가 돌 수 있도록 주님의 손으로 아이를 어루만져 주옵소서.

일어나라! "달리다굼!"(마가복음 5:41)

죽음과 같은 밤이 지나고 밝은 아침이 되었습니다. 오늘도 이 가정의 수험생 자녀에게 말씀하셔서 주님의 명령대로 힘차게 일어나 모두에게 희망의 새 삶을 안겨 주는 날이 되기를 간절히 기도합니다.

나는 영국의 모든 신학자보다 나의 어머니에게서
기독교에 대해 더 많이 배웠다.
존 웨슬리

믿음의 예배

"믿음이 없이는 하나님을 기쁘시게 하지 못하나니
하나님께 나아가는 자는 반드시 그가 계신 것과 또한 그가
자기를 찾는 자들에게 상 주시는 이심을 믿어야 할지니라."
 - 히브리서 11:6

하나님 아버지, 아버지의 백성들이 아버지의 전에 나아가 아버지 하나님께 예배드릴 수 있게 하여 주심을 감사합니다. 아버지의 백성들이 예수의 피를 힘입어 성소에 들어갈 담력을 얻어 예수님이 열어주신 새로운 길로 들어가 하나님 아버지를 뵙고, 감사의 예배를 드릴 수 있게 해주신 사랑의 하나님! 주를 향한 기도와 간구를 돌아보사 우리의 부르짖음과 비는 기도를 들어주소서.

"여호와께서는 자기 백성을 기뻐하시며 겸손한 자를 구원으로 아름답게 하심이로다"(시편 149:4)라고 하셨습니다.

일주일 내내 무더위에 지치고 방학도 없이 계속된 학업으로 학생들의 마음은 고달픕니다. 그러나 하나님께 나아가는 자는 반드시 그가 계신다는 것을 믿을 수 있는 믿음을 주시고, 하나님을 찾는 자들에게 상을 주신다는 확신을 갖고 아버지의 전에 나아가도록 기쁜 마음을 주옵소서.

부모들은 수험생 자녀들이 애처로워 주님의 전에 나아가 예배드릴 것을 권하기 어렵습니다. 그러나 예수님께서는 길과 진리와 생명이며 예수님을 통하지 않고는 아무도 하나님께로 갈 자가 없다는 굳센 믿음으로 자녀들과 함께 주님의 전에 나아가게 하옵소서.

　예수님의 보혈로 성소에 들어 갈 길을 열어 주신 하나님, 담대하게 왕 되신 하나님께 나아가 겸손히 예배드리게 하옵소서. 아버지의 말씀은 진리입니다.　하나님 아버지께서 겸손한 자를 구원으로 아름답게 하신다는 약속의 말씀을 의지합니다. 계속되는 긴장으로 인해 학생들이 무기력에 빠지지 않도록 겸손히 아버지 앞에 나온 어린 백성에게 지혜를 주시고 건강으로 붙들어 주시기를 간절히 기도합니다.

처음에는 우리가 습관을 만들지만 그다음에는 습관이 우리를 만든다.
존 드라이든

은혜의 생수

내 주의 은혜 강가로, 저 십자가의 강가로
내 주의 사랑 있는 곳, 내 주의 강가로
갈한 나의 영혼을, 생수로 가득 채우소서
피곤한 내 영혼 위에, 생수로 가득 채우소서

하나님 아버지, 처서가 지나 가을이 오고 있지만, 수험생들의 영혼은 무더위와 근심의 갈증으로 허덕입니다. 오늘 아침, 주님의 은혜의 강가로 나아오게 하옵소서.

예수님의 사랑이 있는 곳, 생수가 흐르는 곳에서 아이들의 타들어가는 영혼이 생수로 채워지게 하옵소서. 멀지 않아 대학수학능력 모의 평가가 계획되어 있습니다. 어떤 학생은 수시와 더불어 정시를 위해 수능도 꾸준히 준비해야 합니다. 그리고 논술 전형도 지원해야 하는 현실 앞에 있습니다. 학생은 학생대로, 부모는 부모대로 어려운 기간에 서 있습니다. 주님이 주시는 평안이 필요합니다. 함께 생활했던 친구들도 다른 길을 가야 합니다. 이제 홀로 자신의 길을 선택해야 합니다. 그런데 흔들리는 마음을 다스리기가 쉽지 않습니다.

첫째, 아이의 대학 진학을 준비하는 부모님의 마음을 헤아려 봅니다. 대학이 전부가 아니라고 아이에게 이야기하기도 했지만, 이 순간에 그렇게 당당하게 이야기할 부모가 많지 않습니다.

오늘을 선물로 주신 주님, 수험생이 있는 가정, 특별히 방황하는 아이들로 인해 괴로움이 있는 가정에 주님의 은혜의 생수가 솟아나게 하옵소서.

"예수께서 대답하여 이르시되 이 물을 마시는 자마다 다시 목마르려니와 내가 주는 물을 마시는 자는 영원히 목마르지 아니하리니 내가 주는 물은 그 속에서 영생하도록 솟아나는 샘물이 되리라" (요한복음 4:13~14).

고3 아이들로 인해 타들어 가는 가정들이 영원히 목마르지 아니하는 영생의 샘물을 주님께 받아 누리는 은혜의 날이 되게 하옵소서. 십자가에서 보혈을 흘리시고 자신의 생명을 주시기까지 사랑하신 예수님의 무한하신 사랑을 체험하는 은혜의 날이 되게 하옵소서.

삶은 대담한 모험이 아니면 아무것도 아니다.
헬렌 켈러

주님께서 주신 재능

"모세가 브살렐과 오홀리압과 및 마음이 지혜로운 사람
곧 그 마음에 여호와께로부터 지혜를 얻고 와서 그 일을
하려고 마음에 원하는 모든 자를 부르매."

- 출애굽기 36:2

하나님 아버지, 몇 년 전 '세밀가귀細密可貴: 한국미술의 품격' 기획
전시회 티켓을 얻어 리움 미술관에 다녀왔습니다. 리움 미술관은 처
음 다녀왔는데, 삼성과 연계해 디지털 기술을 이용한 작품 설명이 인
상적이었습니다. 삼국시대부터 조선시대까지 귀금속 공예, 청자, 백
자, 나전칠기, 초상화, 산수화, 불상제작, 기와 등 장인의 정성이 담긴
작품들을 감상했습니다. 저는 미술에 관해서는 소질이 없지만, 조상
들의 솜씨가 담긴 작품들을 보니 경이로웠습니다.

우리 조상들의 세밀함에 감탄했습니다. 귀고리, 팔찌, 사리함 등의
아주 작은 귀금속에도 예쁜 무늬들을 정성껏 새겨 놓은 작품들이 세
월이 흘러도 변치 않았습니다. 지붕 위에 얹은 기와까지도 예술의 혼
을 담은 작품들을 보며 창조주 하나님은 사람들에게 하나님의 창의적
인 능력을 충만케 하여 천지의 아름다운 모습을 새기고 그리게 하심
을 느꼈습니다.

모세시대 성막을 짓고 성물을 제작할 때 유다지파 훌이 브살렐과 오홀리압과 함께 주의 지혜와 지식으로 충만케 되어 하나님이 모세에게 지시하신 모든 것을 행한 것을 기억합니다.

하나님 아버지, 온 세상이 주님의 영광을 선포합니다. 새벽부터 온종일 심지어 한밤까지 24시간 주님이 만드신 온 만물이 주님의 명령에 따라 움직이며 주님께 영광을 돌립니다.

우리를 주님이 주신 동산의 청지기로 세우신 하나님, 생육하고 번성하고 땅을 다스리고 정복하라고 하신 하나님, 아버지의 백성들이 하나님 아버지께서 주신 사명을 따라 다양한 모습으로 살아가며 주님께 영광 돌리게 하옵소서.

하나님이 어떤 사람들에게는 만들고, 꾸미고, 그리는 재능을 주셨습니다. 어떤 사람들에게는 노래하고, 춤추고, 달리고, 공을 던지는 특별한 재능을 주셨습니다. 주님이 주신 재능과 적성 그리고 소명을 따라 학생들이 진로와 진학을 결정하게 하옵소서. 일생 동안 주님께 받은 재능으로 주님께 영광을 돌리며 이 세상을 풍요롭게 하는 젊은 이들이 되게 하옵소서.

하나님은 영혼에 무엇을 더하는 것이 아니라 빼면서 발견된다.
마이스터 에크하르트

수험생의 가족을 위한 기도

"온 땅이여 하나님께 즐거운 소리를 낼지어다. 그의
이름의 영광을 찬양하고 영화롭게 찬송할지어다 온 땅이
주께 경배하고 주를 노래하며 주의 이름을 노래하리이다
할지어다."

- 시편 66:1~2, 4

"환난 날에 여호와께서 네게 응답하시고 야곱의 하나님의
이름이 너를 높이 드시며 성소에서 너를 도와주시고
시온에서 너를 붙드시며 네 모든 소제를 기억하시며
네 번제를 받아주시기를 원하노라 네 마음의 소원대로
허락하시고 네 모든 계획을 이루어 주시기를 원하노라."

- 시편 20:1~4

    약한 자를 들어 강한 자를 부끄럽게 하시는 아버지 하나님, 주님께
예배하고 기도하는 우리를 긍휼히 여겨주소서. 대입을 준비하는 수
험생들도 기쁨으로 주의 전에 나아가 소제와 번제를 드리며 마음과
뜻과 정성을 다해 신령과 진정으로 예배드리도록 인도하소서. 기쁨
으로 주님께 나아가기가 힘듭니다. 그러나 피곤한 손과 연약한 무릎

을 일으켜 세우고 주님 앞에 나아가 찬송하며 기도하게 하옵소서.

이스라엘의 찬송 중에 거하시는 주님, 찬송을 부를 때에 적군의 담이 무너지고 어리석음과 부족함의 답답함이 무너질 줄 믿습니다. 온 땅이 주의 영광을 찬송할 때에 수험생들도 온 마음으로 찬송하게 하옵소서. 이들의 시간과 예물과 정성을 받으시고 이들을 기억하옵소서. 주님의 성전에서 마음의 소원을 허락하시며 모든 계획을 이루어 주옵소서. 주 앞에 나아갈 때 기뻐하며 근심을 벗어나게 하시고 여호와의 이름을 자랑하게 하옵소서.

주님을 찬양합니다. 주님께 감사드립니다.

가장 위대한 유산은 기도를 물려주는 것이다.

이블린 크리스텐슨

학교생활기록부

다 표현 못해도 나 표현하리라

다 고백 못해도 나 고백하리라

다 알 수 없어도 나 알아가리라

다 닮지 못해도 나 닮아가리라

그 사랑 얼마나 아름다운지!

그 사랑 얼마나 날 부요케 하는지

그 사랑 얼마나 크고 놀라운지를!

그 사랑 얼마나 나를 감격하게 하는지

- 설경욱 작사, 작곡

하나님 아버지, 학사 일정 중 1/2 기간이 지나갑니다. 대학 수시 지원에 필요한 학교생활기록부는 자세히 정리해 대학교에 보고됩니다. 학생들의 진학에 필요한 성적과 교내 활동, 교과 세부능력 등을 빼곡히 기록해 마무리 지어야 합니다.

그동안 있었던 많은 일들을 학생들의 생활기록부에 다 표현하기에는 교사들의 능력이 부족합니다. 정말 중요한 내용들을 정확하게 기록하고 혹시나 누락되지 않도록 학생들에게 점검하라고 해도 늘 틀린 것이 나와서 정정하는 데 고생합니다. 학생들의 2년 반 동안의 생활을 표현하기에도 이렇게 벅찬데 하나님이 그리스도를 통해 보여 주신 사랑과 성령님의 인도하심과 하나님께서 내려주신 놀라운 은혜의 체험을 어떻게 표현하고 이해할 수 있겠습니까. 또한 그리스도의 순종과 인내를 우리는 결코 표현할 수 없으며, 이해할 수 없습니다.

"하나님이 세상을 이처럼 사랑하사 독생자를 주셨으니 이는 그를 믿는 자마다 멸망하지 않고 영생을 얻게 하려 하심이라"(요한복음 3:16).

무엇보다도 우리가 멸망하지 않고 영생을 얻도록 하나밖에 없는 아들 그리스도 예수를 주신 아버지의 사랑을 이 세상 어떤 곳에도 다 기록할 수 없습니다.

사랑의 하나님, 학교생활기록부에 담긴 모든 내용 가운데 수험생들이 학창생활하면서 가슴 벅차게 경험했던 일들을 기억하게 하시고, 하나님의 놀라운 은혜의 체험을 고백하게 하옵소서. 그리하여 남은 학창 시절을 후회 없이 달려 갈 수 있도록 우리에게 선한 마음, 부드러운 마음, 감사한 마음으로 채워 주시옵소서

하나님께서 하시는 일은 오로지 기도에 응답하시는 것이다.
존 웨슬리

수험생을 위한 무릎기도

"눈물을 흘리며 씨를 뿌리는 자는 기쁨으로 거두리로다"

- 시편 126:5

하나님 아버지, 며칠 전에 개학을 했지만, 이제야 2학기가 시작되는 것 같습니다. 새 달을 주신 하나님 아버지 감사합니다. 무더웠던 여름의 열기가 아침, 저녁 부는 바람에 조금씩 밀려가도, 목청껏 소리 내어 맴맴 울어대는 매미소리가 귓가에 들려도, 여전히 한낮은 태양열로 뜨겁습니다. 이 더위에도 사내아이들은 시간만 나면 운동장에서 농구를 하며 지치지도 않고 축구공을 따라 운동장을 뛰어 다닙니다.

청소년기는 아무도 가로막지 못하는 열기가 아이들의 몸과 마음에 끓어오르는 것 같습니다. 뜨거운 여름 한낮에 옥수수가 쑥쑥 자라고 오이가 주렁주렁 열리고 포도가 까맣게 익어가듯이 우리 청소년 아이들도 이 여름 동안에 쑥쑥 자랍니다. 잘 먹고, 잘 웃고, 잘 자면 얼마 후에는 몰라보게 성큼성큼 자랍니다.

고등학교 시절의 마지막 해에는 운동장에서 탕, 탕, 탁, 탁, 공이 튀어 오르는 소리가 들려도 듣지 못한 것처럼 책상에 앉아 있어야 합니다. 식후에 오는 졸음을 쫓으면서 능률이 오르지 않아도 책상에 앉아 있어야 하는 것이 수험생들의 현실입니다.

성경에는 "눈물을 흘리며 씨를 뿌리는 자는 기쁨으로 거두리로 다"(시편 126:5)라는 말씀이 있습니다. 많은 사람들이 이 진리의 말씀을 알고 있습니다. 어린 학생들도 노력하면 좋은 결과를 얻을 수 있다는 믿음으로 밖에서 들려오는 공차는 소리, 웃음소리, 떠드는 소리를 외면하고 책상 앞에 앉아 정신을 집중하며 수능시험을 준비했습니다. 학생들이 곧 치르게 될 9평이라고 불리는 9월 대학수학능력 모의평가는 11월 본 수능을 위한 지렛대 역할을 할 것입니다.

방학 내내 더위와 피로 속에서도 고3이 통과해야 할 과정을 지나는 수험생들이 기쁨으로 단을 거둘 날을 기대하며 2학기를 잘 맞이하게 하옵소서. 특별히 9월은 대수능모의고사와 수시 지원이 있는 달입니다. 초조함과 불안함 대신 성실함과 흔들리지 않는 믿음으로 하루하루 보내게 하옵소서.

당신은 그렇게 크게 외칠 필요가 없다.
그분은 생각보다 우리에게 더 가까이 계신다.
로렌스 형제

선한 사마리아인

"주라, 그리하면 너희에게 줄 것이니, 곧 후히 되어 누르고
흔들어 넘치도록 하여 너희에게 안겨 주리라 너희의 헤아리는
그 헤아림으로 너희도 헤아림을 도로 받을 것이니라."
- 누가복음 6:38

하나님 아버지, TV와 지면 광고들을 통해 아직도 가난과 질병으로 허덕이는 세계 아이들의 소식을 듣습니다. 우리 학생들도 'World Vision', 'Save the Children' 등의 국제구호 단체에 가입하여 후원하거나 실제로 국제 봉사에 참여해서 작은 힘이지만 나누는 경험들을 하고 있습니다.

세계는 점점 더 서로를 돌보아야 하는 절박함으로 긴밀히 협조해야 합니다. 난민들이 세계 각지에서 발을 동동 구르고 있습니다. 중동 탈출 난민들이 어른, 아이 할 것 없이 생존을 위해 바닷길과 지뢰밭을 지나며 헤매고 있습니다.

수험생들의 마음은 바쁘고 여유가 없습니다. 그럼에도 불구하고 이웃을 돌볼 수 있는 따스한 마음을 주시옵소서. 선한 사마리아인이 되어 가장 중요한 것이 무엇인지 알게 하시고, 가장 적합한 때가 언제인가를 깨닫게 하옵소서.

그리고 '지금, 여기, 바로 내가' 하나님을 사랑하고 이웃을 사랑할 때요, 장소이며, 사람이라는 깨달음이 오도록 마음의 여유를 주시옵소서.

"주라, 그리하면 너희에게 줄 것이니, 곧 후히 되어 누르고 흔들어 넘치도록 하여 너희에게 안겨 주리라 너희의 헤아리는 그 헤아림으로 너희도 헤아림을 도로 받을 것이니라"(누가복음 6:38).

분주한 삶을 살고 있는 학생들이 자신과 옆에 있는 사람의 약함을 돌아볼 수 있는 여유를 가질 수 있도록 하옵소서. 그리하여 받기만 하는 수험생들이 주는 것을 잊어버리지 않도록 하나님의 사랑으로 이들을 깨우쳐 주셔서 가장 가까운 사람들에게 작은 도움부터 줄 수 있는 복된 날이 되도록 이끌어 주시옵소서. 주님을 사랑합니다.

그리스도를 신뢰할 때 우리는 게으름, 태만, 부주의에 빠질 수 없다.
오히려 각성하고 분발하여 의롭고 적극적으로 선을 행하는 삶을 살게 된다.
울리히 츠빙글리

고난을 받아들이게 하소서

"온 땅이여 하나님께 즐거운 소리를 낼지어다. 그의
이름의 영광을 찬양하고 영화롭게 찬송할지어다 온 땅이
주께 경배하고 주를 노래하며 주의 이름을 노래하리이다
할지어다."

- 시편 66:1~2, 4

"환난 날에 여호와께서 네게 응답하시고 야곱의 하나님의
이름이 너를 높이 드시며 성소에서 너를 도와주시고
시온에서 너를 붙드시며 네 모든 소제를 기억하시며
네 번제를 받아주시기를 원하노라 네 마음의 소원대로
허락하시고 네 모든 계획을 이루어 주시기를 원하노라"

- 시편 20:1~4

   약한 자를 들어 강한 자를 부끄럽게 하시는 아버지 하나님, 주님의
발 앞에 모든 것을 내려놓습니다. 우리의 약함과 고난을 통해서 주인
이신 하나님을 볼 수 있게 해주소서. 예기치 못한 어려움이나 고난을
만날 때 그런 일이 우리를 위해 계획된 하나님의 장치라는 사실을 깨
달을 수 있는 지혜를 주시기 원합니다.

수험생들이 기쁨으로 주의 전에 나아가 소제와 번제를 드리며 마음과 뜻과 정성을 다해 신령과 진정으로 예배드리는 마음으로 살아가게 하옵소서. 기쁨으로 주님께 나아가기가 힘듭니다. 그러나 피곤한 손과 연약한 무릎을 일으켜 세우고 주님 앞에 나아가 찬송하게 하옵소서.

이스라엘의 찬송 중에 거하시는 주님, 찬송을 부를 때에 적군의 담이 무너지고 어리석음과 부족함의 답답함이 무너질 줄 믿습니다. 온 땅이 주의 영광을 찬송할 때에 수험생들도 온 마음으로 찬송하게 하옵소서. 이들의 시간과 예물과 정성을 받으시고 이들을 기억하옵소서. 이 땅에 있는 수험생들의 마음의 소원을 허락하시며 모든 계획을 이루어 주옵소서. 주님의 날에 기뻐하며 근심을 벗어나게 하시고 여호와의 이름을 자랑하게 하옵소서.

주님을 찬양합니다. 주님께 감사드립니다.

하나님, 변화시킬 수 없는 것을 받아들이는 평온함과,
변화시킬 수 있는 것을 변화시키는 용기와,
그 차이를 분별하는 지혜를 주옵소서.
라인홀드 니버

주 안의 평안

주 안에 있는 나에게 딴 근심 있으랴
십자가 밑에 나아가 내 짐을 풀었네
주님을 찬송하면서 할렐루야 할렐루야
내 앞길 멀고 험해도 나 주님만 따라가리

– 찬송가 370장

    하나님 아버지, 아버지의 날개 그늘 아래 품어 주셔서 평안한 밤을 보냈습니다. 오늘도 선물로 주신 하루를 시작합니다. 이른 아침 희미하게 여명이 밝아 옵니다. 피곤한 몸과 마음으로 밤을 지낸 수험생들이 힘차게 시작해야 하는 아침이지만 몸이 생각처럼 쉽게 움직여지지 않습니다.

    예수 그리스도께서 십자가에 못 박힘으로 우리의 죄 짐을 대신 져 주시고 인생의 모든 근심과 걱정의 묶임에서 참 자유를 주셨습니다. 마음의 짐을 지고 있는 수험생들이 매일 아침마다 하나님을 찬송하며 힘차게 시작하게 하옵소서. 곧 대학 수시 전형의 지원이 시작됩니다. 때때로 엄습해 오는 걱정과 두려움을 물리치고, 주님의 자녀로서 기쁨과 평안함을 누리게 하옵소서. 또한 그 기쁨과 평안함이 주위의 친구들에게 향기처럼 퍼져 나가게 하옵소서.

어떤 학생들에게는 주위의 친구들이 영혼을 불사르는 자들과 공격해 오는 우는 사자와 같다고 느낄 수 있습니다. 하나님 아버지, 이들의 마음이 주님의 사랑 안에 거하게 하옵소서. 두렵고 떨릴 때마다 예수 그리스도의 보혈의 은혜에 잠길 수 있도록 마음을 붙잡아 주옵소서.

세속적인 노래 속에 빠지지 않게 하시고, 영혼을 회복하게 하는 찬송 안에서 하나님의 은혜를 누리게 하옵소서. 맹수와 같은 친구들이 어린 양처럼 되어 주님이 인도하시는 푸른 초장과 잔잔한 물가를 발견하게 하옵소서. 그 가운데 오늘도 주님이 주시는 지혜의 샘이 솟아나와 수험생들의 갈증이 해결되는 기적을 맛보게 하옵소서. 주님을 사랑합니다.

"여호와는 나의 목자시니 내게 부족함이 없으리로다 그가 나를 푸른 풀밭에 누이시며 잔잔한 물가로 인도하시는도다"(시편 23:1~2).

오 하나님, 하나님은 당신을 위해 우리를 만드셨습니다.
그래서 우리의 마음은 당신 안에서 안식할 때까지
참된 안식을 누릴 수 없습니다.
아우구스티누스

수시 지원

내 영혼의 그윽히 깊은 데서 맑은 가락이 울려나네

하늘 곡조가 언제나 흘러나와 내 영혼을 고이 싸네

평화, 평화로다 하늘 위에서 내려오네

그 사랑의 물결이 영원토록 내 영혼을 덮으소서

- 찬송가 412장

하나님 아버지, 도로에는 아침을 시작하는 분주함이 소란스럽습니다. 오고 가는 자동차 소리가 쉼 없이 마음을 어지럽힙니다. 수시 지원의 날이 다가오고 있습니다. 4년제 대학 수시 지원이 시작됩니다.

수시 지원하는 학생들은 각 대학에서 요구하는 서류들을 갖추어 대학마다 다른 유형의 전형들을 고려하여 자신에게 가장 적합한 대학의 학과를 결정해야 합니다. 아침부터 도로를 질주하는 자동차 소리들이 제 마음을 어지럽히듯이 수시 지원 학생들은 여러 활동과 특기, 그리고 내신 성적을 비교해 보며 마음이 어지러울 것입니다. 그들의 영혼마저도 불안함으로 가물거립니다.

하나님 아버지, 수험생들의 영혼 깊은 데서 맑은 샘물이 솟아나게 하옵소서. 하늘 곡조가 흘러나와 영혼을 고이 싸게 하옵소서. 하늘 위에서 내려오는 평화, 하나님에게서 오는 그 사랑의 물결이 흔들리는 이 영혼들을 덮어 주시옵소서.

"그러므로 말하라 내가 그에게 내 평화의 언약을 주리니"(민수기 25:12).

오늘도 수험생들이 미소를 잃지 않게 하옵소서. 교사들과 상담할 때도, 부모님과 의논할 때도, 평화의 언약 속에서 잠잠히 미소 짓게 하옵소서. 미소가 넘쳐 큰 웃음이 되게 하옵소서. 요동치는 마음의 불안을 내려놓게 하시고, 주님의 은혜 안에 거하도록 영혼 깊은 곳에 은혜의 샘물이 솟아나고 하늘의 찬양이 흐르게 하옵소서. 그리고 기쁨을 회복시켜 주셔서 웃을 일이 별로 없는 이 현실에서 걱정을 떨치고 웃을 수 있는 마음의 강건함을 주시고, 그 웃음으로 주변이 환해지게 하옵소서.

믿음은 가능성의 영역에서는 작동하지 않는다.
인간적으로 가능한 일에서는 하나님께 영광이 돌려지지 않는다.
믿음은 사람의 능력이 끝나는 곳에서 시작된다.
조지 뮬러

날마다 찾아가는 수험생을 위한 100일 기도문

2장

대학수학능력 모의평가 및 수시 지원

나팔꽃과 나팔

"나팔 소리가 점점 커질 때에 모세가 말한즉 하나님이 음성으로 대답하시더라."

- 출애굽기 19:19

하나님 아버지, 대학수학능력평가에 앞서 전국의 모든 학교에서 모의 수능을 실시하는 모의수능평가의 날입니다. 학생들은 방학 내내 모의 평가를 준비했습니다. 지난해에 이어 올해도 수능을 치러야 하는 학생들은 오랫동안 준비해 왔습니다. 그러나 준비할수록 더욱 긴장되고 힘이 듭니다. 하늘의 평안을 주시되 가슴 속에 맺힌 불안을 풀어버리고 홀가분한 마음이 되게 하옵소서.

아침부터 풀벌레 소리가 학교 뒷산에서 쓰르륵쓰르륵, 맴맴 수선스럽게 들려옵니다.

학교 정원에는 주목나무를 빙글빙글 타고 돌며 나팔꽃이 예쁘게 피어 있습니다. 그 많은 나무 중에서 어쩌다가 가시가 있는 주목나무에 기대어 약하고 부드러운 꽃들이 피었는지 애처로워 보입니다. 그래도 여러 송이의 진분홍 나팔꽃들이 주목나무를 빙빙 돌며 싱싱하게 피었습니다.

문득 대학 입시라는 움직일 수 없는 현실에서도 주목나무에 기대어 꽃을 피우는 나팔꽃 같은 수험생들이 떠오릅니다. 초가을 아침 바람에 이슬을 머금은 나팔꽃들이 연주하는 청아한 나팔소리가 들리는 것 같습니다. 더 큰소리로 나팔 불기 위해 여러 나팔들이 모여 준비하는 무리들에게 하나님의 선하신 인도하심이 있기를 간절히 기도합니다.

성경에 나오는 나팔소리는 하나님이 이스라엘 사람들을 부르는 소집의 소리이며, 전쟁에서의 나팔소리는 악한 적들과 싸우는 신호입니다. 또한 나팔소리는 하나님께 찬양하는 찬미의 소리입니다. 수험생들이 더 큰 나팔들로 성장하여 하나님 앞으로 백성들을 인도하는 지도자들이 되게 하여 주옵소서. 또한 나라를 위태롭게 할 악한 세력들과 대적하여 싸울 때 나팔을 불어 경고하는, 깨어 있는 자들이 되게 하시옵소서. 그리고 어느 곳에서든지 하나님을 찬양하며 그분께 영광을 돌리는 사람들이 되게 하옵소서.

하나님 아버지, 무릎 꿇고 기도하는 수험생들에게 모의평가 시간 내내 하늘의 평강과 성령의 지혜가 함께하는 시간들이 되게 하옵소서.

우리는 유한한 실망을 받아들여야 한다.
그러나 결코 무한한 소망을 잃어버려서는 안 된다.
마틴 루터 킹

수능 70일 전

"우리가 알거니와 하나님을 사랑하는 자 곧 그의 뜻대로 부르심을
입은 자들에게는 모든 것이 합력해서 선을 이루느니라."

- 로마서 8:28

    새날을 주신 하나님 아버지, 건강하게 새날을 맞이하게 하여 주심을 감사드립니다. 오늘 밝은 햇살 아래 계절의 교차점에서 흔들리며 피어 있는 봉숭아꽃, 때 이르게 피어나 인사하는 코스모스 꽃을 바라볼 여유도 없이 당신의 자녀들이 학교로 향하고 있습니다.

    이제 수능은 70일 앞으로 다가왔습니다. 아침에 등교하면 학생들은 교실 앞 칠판 한 모퉁이에 적혀 있는 70이란 숫자를 바라보며 긴장하고 걱정이 될 것입니다. 우리는 숫자 7을 행운의 숫자로 생각하고 반기지만, 이들에게 70이란 숫자는 70일이 허물어지고, 60여 일이 남아 있다는 의미로만 다가올 것입니다.

    하나님 아버지, "수고하고 무거운 짐 진 자들아, 다 내게로 오라 내가 너희를 쉬게 하리라"고 하신 예수님의 말씀처럼 아이들이 예수님 품에 안겨 쉼을 얻을 수 있다면 참 좋겠습니다. 그리고 아직 70일이 남아 있고, 틀린 문제들은 정신 차리고 열심히 하면 풀 수 있다는 용기를 갖게 되었으면 좋겠습니다. 문제를 풀다가 자꾸 틀릴 때 '나는 노력해도 안 될 거야' 하는 아이도 '끝까지 마지막 날까지 해 보아야지' 하는 마음이 들었으면 좋겠습니다.

아이들과 함께 걱정하는 부모님들을 위로하여 주십시오. 부모들도 걱정이 깊어지면 인내하다가도 결국 아이들에게 잔소리하고 큰소리를 내어 모두가 불안해지고 서로를 상처 내는 일들이 일어납니다.

우리의 연약함을 아시는 하나님 아버지, 부모님들의 손을 붙잡아 주시고 마음을 위로하여 주옵소서. "우리가 알거니와 하나님을 사랑하는 자 곧, 그의 뜻대로 부르심을 입은 자들에게는 모든 것이 합력해서 선을 이루느니라"(로마서 8:28)는 말씀을 붙잡고 근심과 걱정을 물리치게 하옵소서.

성령의 충만함을 주셔서 오늘 새날을 피곤하게 맞이하는 자녀들을 향해 환한 미소를 지으며 "사랑한다 내 아들, 내 딸아 오늘도 파이팅!" 하며 힘차게 아이들을 집 밖으로 배웅하게 하옵소서. 오늘 하루를 하나님께 맡깁니다. 주님의 뜻이 이루어지는 복된 날이 되기를 기도합니다.

우리가 참으로 깨달음을 얻고 분별없는 마음에서 해방되려면,
그리스도의 말씀을 통해 그분의 삶과 태도를 본받아야 한다.
토마스 아 켐피스

선택과 결단

"하나님은 그가 기뻐하시는 자에게는 지혜와 지식과
희락을 주시나 죄인에게는 노고를 주시고 그가 모아 쌓게
하사 하나님을 기뻐하는 자에게 그가 주게 하시지만
이것도 헛되어 바람을 잡는 것이로다."

– 전도서 2:26

『스펙이 중요한 시대는 지났다. 나약한 지성은 길을 잃었다.
미래는 개척하는 자의 몫. 미래를 열고 미래를 이끌고
미래를 만들어 가는 사람이 되어야 한다.』

미래를 만들어 가는 사람, 지식인을 넘어 지도자로 육성하겠다는
어느 명문대학의 광고입니다. 참으로 멋진 글입니다. 미래를 개척하
고 만들어가고 지식인을 넘어 지도자로 육성시키겠다는 다짐의 글이
학생들의 진학 목표에 힘을 더해 줍니다. 그러나 바로 앞으로 다가온
대학 수시 지원을 위해 준비하는 학생들은 그동안 마음에 품은 학교
의 문을 두드릴 수도 있고, 다른 학교의 문을 두드릴 수 있습니다.

하나님 아버지, 수시 지원자들이 그동안 품었던 학교를 더 힘차게
두드려야 할 때입니다. 아니면 미련을 내려놓고 합격 가능한 학교를

심사숙고해서 정해야 합니다. 그동안 꿈을 지니고 준비했던 모든 구슬들을 꿰어서 귀중한 보석으로 만들어야 할 때입니다. 자신과의 약속을 지킬 수도 있고, 떠나보내야 할 때도 있습니다. 그동안 품었던 비전이 흔들리기도 합니다.

하나님 아버지, 이들의 두근거리는 심장 소리가 부모님과 교사들을 더욱 힘들게 합니다. 아이들보다 인생 경험이 많은 부모님들에게 먼저 평안함을 주시옵소서. 당황하지 말고 자녀들의 현재 상황을 파악하고 받아들이게 하옵소서. 학생들과 함께 고된 길을 걸어왔던 담임선생님들과 교과 선생님들에게 지혜를 주셔서 학생들을 관찰하고 지도하면서 함께했던 모든 활동들과 성적들을 확실하게 파악하게 하시고, 가장 적합한 길로 안내할 수 있도록 하옵소서. 학생과 교사와 부모가 한마음이 되어 평안한 마음으로 대학에 지원하게 하옵소서.

하나님 아버지, 아버지는 "그가 기뻐하는 자에게는 지혜와 지식과 희락을 주시나…"(전도서 2:26)라고 말씀하셨습니다. 어려움 속에서도 주님을 찬양하고 주님께 간구하고 주님께 예배드리는 주님의 자녀들을 기억하여 주옵소서. 주님이 이들의 흑암을 밝히시어 광명의 길로 인도하여 주옵소서. 주님의 인도로 미래를 개척하는 자가 되게 하시고 많은 사람들을 옳은 데로 인도하게 하옵소서.

풍랑 중 간구

구주여 광풍이 불어 큰 물결이 일어나

온 하늘이 어둠에 싸여 피할 곳을 모르니

우리가 죽게 된 것을 안 돌아봅니까

깊은 바다에 빠지게 된 때 주무시려 합니까

큰 바람과 물결아 잔잔해 잔잔해

사납게 뛰노는 파도나 저 흉악한 마귀나 아무것도

주 편안히 잠들어 누신 배 뒤 엎어 놀 능력이 없도다

주 예수 풍파를 꾸짖어 잔잔해 잔잔해

주 예수 풍파를 꾸짖어 잔잔하라

- 찬송가 371장

　하나님 아버지, 수험생들 사이에서 수시 지원의 풍랑이 일렁이고 있습니다. 모든 것을 완벽하게 준비하는 것은 불가능합니다. 그동안 수시 준비를 열심히 해 온 학생들이 친구들과 비교하며 대학에서 요구하는 기준들을 점검하면서 마음이 많이 떨립니다. 떨리는 마음은 홀로 집에 있을 때 더욱 더 흔들립니다.

　하나님 아버지, 수시 지원이라는 풍랑을 어린 학생들이 이겨내고 항구에 평안하게 도달할 수 있도록 마음에 이는 풍파를 꾸짖어 주옵소서. 예수님의 인자와 진리로 수험생들을 소원의 항구로 인도하여 주옵소서.

"아무것도 염려하지 말고 다만 모든 일에 기도와 간구로, 너희 구할 것을 감사함으로 하나님께 아뢰라 그리하면 모든 지각에 뛰어난 하나님의 평강이 그리스도 예수 안에서 너희 마음과 생각을 지키시리라"(빌립보서 4:6~7).

하나님 아버지, 지금까지 학생들을 보호하여 주시고 건강을 주셔서 감사합니다. 수시 지원의 풍랑 속에서 학생들이 주님의 은혜를 더 깊이 체험하게 하시고, 학생들이 마음과 생각을 잘 지킬 수 있도록 평강으로 인도하옵소서. 주님 함께하여 주옵소서.

거룩함은 아예 유혹을 받지 않는 게 아니라, 유혹을 극복하는 능력이다.
캠벨 몰간

전능하신 하나님

전능하신 나의 주 하나님은 능치 못 하실 일 전혀 없네
우리의 모든 간구도 우리의 모든 생각도
우리의 모든 꿈과 모든 소망도
신실하신 나의 주 하나님은 우리의 괴로움 바꿀 수 있네
불가능한 일 행하시고 죽은 자를 일으키시니
그를 이길 자 아무도 없네
주의 말씀 의지하여 깊은 곳에 그물 던져
그가 놀라운 일을 이루시는 것 보라
주의 말씀 의지하여 깊은 곳에 그물 던져
믿는 자에겐 능치 못함 없네

전능하신 나의 아버지 하나님, 나의 모든 간구를 알고 계시고 나의
모든 생각을 알고 계시는 하나님 아버지, 어린 수험생들의 모든 꿈과
모든 소망을 알고 계신 하나님 아버지, 그들의 괴로움을 알고 계시는
아버지, 오늘은 모든 괴로움을 내려놓고, 전능하신 하나님께 두 손을
들고 찬양하게 하옵소서.

능치 못하실 일 전혀 없는 아버지께, 모든 괴로움을 바꿀 수 있는

아버지 하나님께 나아오게 하옵소서. 거룩한 성전에서 찬양하게 하옵소서. 믿음으로 기도하게 하옵소서. 예배하게 하옵소서. 흔들리는 주의 자녀들의 마음을 붙들어 주옵소서. 우리의 힘과 지혜로는 부족합니다.

전능하신 하나님의 능력으로, 예수님의 사랑으로 우리의 부족함을 채우고 지혜롭게 살 수 있습니다. 이 시간 하나님 아버지의 능력과 예수님의 무한하신 사랑으로, 성령님의 지혜로, 머리 숙여 기도하는 하나님의 자녀들에게 부어 주시옵소서.

"내게 능력 주시는 자 안에서 내가 모든 것을 할 수 있느니라"(빌립보서 4:13)고 고백하며 새 힘을 얻게 하옵소서. 새로운 지혜로 충만하게 하옵소서. 우리의 기도를 응답해 주시는 좋으신 하나님 감사합니다.

기적에 대한 개방적 태도를 갖게 되자 나는 일상적인 존재들을
바로 기적이라는 눈으로 바라보기 시작했다.
많은 것을 보면 볼수록 더 많은 기적을 발견할 수 있었다.
스캇 펙

성령님의 인도

"무릇 하나님의 영으로 인도함을 받는 사람은 곧 하나님의 아들이라."

- 로마서 8:14

하나님 아버지, 대학 수시 지원 접수로 고3 교실은 하루 종일 어수선합니다. 그동안 꿈꿔 왔던 대학의 문을 두드리기 위해 원서를 점검하고 있습니다.

학생부 종합 전형, 특기자 전형, 논술 전형 등 각 유형에 맞게 준비한 서류들을 원서 접수 후에 제출해야 하기 때문에 학교와 학생, 교사, 학부모는 긴장 상태로 하루를 보냅니다. 최대 6개 대학까지 지원할 수 있기 때문에 6개 대학을 정한 기한 내에 지원하려면 학생들뿐만 아니라 학생들을 지도하고 추천서를 작성해야 할 교사들의 업무가 넘칩니다. 대학의 지원서와 학교생활기록부와 자기소개서 검토, 추천서 작성 등이 교사들의 업무 중 가장 중요하고 가장 어려운 과제입니다.

하나님 아버지, 폭풍우가 몰아치는 시기에 어두운 터널을 지나가는 학생들을 붙들어 주시고 이들을 지도하는 교사들과 자녀를 후원하고 기도하는 학부모님들을 기억하여 주옵소서.

학생들의 장점과 가능성을 잘 파악하고, 학생들이 준비해 왔던 과정을 기억하며 학생들을 지원 대학에 추천하는 교사들의 추천서에 주님의 확인이 필요합니다. 빠진 부분이 없고 소홀히 다루어진 부분이 없도록 지혜의 근원 되신 예수님의 확인이 필요합니다. 주님, 마무리가 완전하게 될 수 있도록 학생들의 자기소개서와 추천서를 하나님 손에 올려드립니다.

아바, 아버지, "무릇 하나님의 영으로 인도함을 받는 사람은 곧 하나님의 아들이라"(로마서 8:14)는 말씀을 믿습니다.

하나님의 영이신 성령님께서 말할 수 없는 탄식으로 친히 이들을 위하여 간구하여 주시고 선하게 인도하여 주옵소서. 하나님의 은혜와 성령의 교통하심이 예수님의 사랑 안에서 충만한 하루가 되게 하옵소서. 아이들과 부모들이 간절한 기도를 어려운 이 시기에만 하는 것이 아니라, 주님 오실 때까지 그 은혜를 기억하며 하나님에 대한 사랑이 날마다 더 깊어지게 하옵소서.

하나님은 절대 우리의 문제들을 해결해 주겠다고 약속하지 않으셨다.
우리의 질문들에 대답해 주겠다고 약속하지 않으셨다.
하나님은 우리와 동행하겠다고 약속하셨다.
엘리자베스 엘리엇

건강

"마음의 즐거움은 얼굴을 빛나게 하여도 마음의 근심은
심령을 상하게 하느니라."

- 잠언 15:13

하나님 아버지, 수험생 사이에서 몸살, 독감 기운이 돌고 있습니다. 갑자기 독한 감기가 학생들의 연약해진 육신을 공격했는데, 학생들의 몸이 독감을 막아내지 못하고 질병과 싸우고 있습니다. 새 학기를 맞이한 긴장과 가을이 가져온 환절기에 몸의 항상성에 무리가 생겨 고통받고 있습니다. 학생들의 건강을 지켜주시고 잘 회복되게 하소서.

하나님께서 우리의 몸을 놀랍도록 정교하고 완전하게 만드셨습니다. 그러나 이 세상의 못된 질병과 악한 환경들이 시시각각 우리를 공격해 옵니다. 특별히 평상시보다 걱정되는 일이 많을 때는 그 마음이 꼭 육체에 영향을 주게 됩니다. 보이지 않는 마음이 우리 육체에 깊이 관계하고 있기에 마음의 병이 육체까지 마비시키는 것을 봅니다.

하나님 아버지, "소망이 더디 이루어지면 그것이 마음을 상하게 하나니 소원이 이루어지는 것은 곧 생명나무라"(잠언 13:12)고 하셨습니다. 수험생들마다 소원이 있습니다. 지금 그들의 소원은 그들이 목표해 왔던 대학 진학입니다. 그 목표를 향해 달려가는 길이 너무 힘들고 마음이 상합니다. 수시를 지원하는 기간 중에는 더욱 더 긴장이 됩니다.

하나님 아버지, 이들의 상한 마음이 몸에게 고통을 주어 건강을 해칠까 걱정이 됩니다. "마음의 즐거움은 얼굴을 빛나게 하여도 마음의 근심은 심령을 상하게 한다"(잠언 15:13)는 잠언의 말씀처럼 이들의 근심이 심령을 상하게 하고 육신에 질병을 가져오지 않도록 소망 중에 마음이 회복되게 도와주옵소서. 오늘도 건강하게 생활하도록 질병으로부터 보호해 주옵소서. 예수 그리스도의 보혈의 능력과 하나님의 사랑으로 인해 소망 중에 즐거워할 수 있도록 이들의 마음을 은혜로 소생시켜 주옵소서.

우리는 우리가 가치 있게 여기는 모든 것이
하나님께로부터 왔다는 것을 기억해야 한다.
존 칼빈

정직

"하나님이여 내 속에 정한 마음을 창조하시고 내 안에

정직한 영을 새롭게 하소서."

- 시편 51:10

하나님 아버지, 새 아침을 주셔서 감사합니다.

벌써 가을 하늘에 철새들이 남쪽을 향해 날아갑니다. ∧자 모양을 이루며 멀고 먼 목적지를 향해 날아갑니다. 제일 앞에서 하늘을 가르며 날아가는 새가 공기 저항을 가장 많이 받습니다. 그러나 용감하게 앞장 선 강인한 새가 힘을 내서 날개 짓을 하면 동료 새들이 힘을 받아 먼 길을 끼룩끼룩 서로 힘을 돋우며 날아갑니다.

가끔 한강을 자동차로 달리면서 새 떼들의 이동 행렬들을 경이롭게 바라보곤 합니다. 1진, 2진, 3진, 4진… 끊임없이 가을 상공을 나르며 남쪽을 향해 새들이 날아갑니다. 힘에 부친 무리들을 이끌고 바람을 가르며 날아가는 철새들의 리더처럼 수험생들도 우리나라 곳곳에서 섬김과 헌신의 정신으로 나라를 이끌 리더들로 성장하기를 간절히 기도합니다. 그리고 많은 학생들이 그 리더들을 따라 먼 길을 믿음으로 함께하는 선량한 다음 세대들로 성장하게 하옵소서.

"하나님이여 내 속에 정한 마음을 창조하시고 내 안에 정직한 영을 새롭게 하소서"(시편 51:10)라고 기도했던 다윗의 기도를 기억합니다. 수시지원기간에 학생들에게 정직한 영을 부으셔서 최선을 다해 끝까지 정직하게 자기를 소개하며 교사들도 정직한 영을 새롭게 하여 제자들을 추천하는데 거짓이 없게 하여 주옵소서.

"그는 정직한 자를 위하여 완전한 지혜를 예비하시며 행실이 온전한 자에게 방패가 되시나니"(잠언 2:7)라고 말씀하셨습니다. 오늘도 수험생들이 시험당하지 않도록 정직하게 하시고 아버지께서 완전한 지혜를 주시며 방패가 되어 주시기를 간구합니다.

기도하며 자신의 몫을 다하면 주께서 지금은 그들의 꿈에 불과한
그것이 실체가 되게 하실 것이다.
아빌라의 테레사

성숙

주님의 뜻을 이루소서 고용한 중에 기다리니
진흙과 같은 날 빚으사 당신의 형상 만드소서
주님의 뜻을 이루소서 온전히 나를 주장하사
주님과 함께 동행함을 만민이 알게 하옵소서
- 찬송가 425장

하나님 아버지, 새 아침이 밝았습니다. 피할 수 없는 수시지원 기간이 지나고 있고 학생들은 기대와 불안으로 자신들이 선택한 학교지원을 결정하고 있습니다. 요동치는 불안함이 고요함으로 성숙해지도록 학생들의 마음을 붙잡아 주시옵소서.

주님의 뜻을 이루어 주시옵소서. 아직 연약하고 부족한 학생들이 예수 그리스도를 본받아 성장하도록 은혜를 내려주옵소서. 고3 기간을 보내며 몇 번의 고비가 있을 것입니다. 수시지원을 결정하게 되는 이번 주간이 학생들이 불안함으로 흔들리는 큰 고비가 될 것입니다. 여러 지원학교를 정하며 교사들과 학부모와 친구들과 의논을 했을 것입니다. 이러한 과정이 힘들지만 학생들이 성숙해 가는 과정이 되게 하시고 고요한 중에 임하시는 아버지 하나님의 평안을 맛보고 아버지 하나님의 사랑을 깨닫게 하옵소서.

작은 우연도 우연이라고 생각하지 말게 하시고 아버지 하나님의 손길을 체험하며 그것을 가족과 친구와 나누며 믿음이 성숙해지게 하옵소서. 주님께로 가까이 가며 주님의 인도하심을 의지하면서 주위의 있는 사람들도 함께 성장해가며 믿음이 깊어지게 하옵소서.

"이르시되 아버지여 만일 아버지의 뜻이거든 이 잔을 내게서 옮기시옵소서 그러나 내 원대로 마시옵고 아버지의 원대로 되기를 원하나이다 하시니"(누가복음 22:42).

아버지의 뜻을 마지막까지 순종하셨던 예수님의 그 성숙하심을 배워가는 시간들이 되게 하시고 주님 안에서 빚어지는 귀한 날들이 되게 하옵소서.

기도는 내 필요에 의하여 하나님을 내 편으로 만드는 것이 아니라
하나님의 뜻에 나를 조정해 맞추는 일이다.
D. L. 무디

무성한 가지

"요셉은 무성한 가지 곧 샘 곁의 무성한 가지라 그 가지가 담을 넘었도다

활쏘는 자가 그를 학대하며 적개심을 가지고 그를 쏘았으나

요셉의 활은 도리어 굳세며 그의 팔은 힘이 있으니

이는 야곱의 전능자 이스라엘의 반석인 목자의 손을 힘입음이라"

- 창세기 49:22-24

하나님 아버지, 새 날이 밝았습니다. 오늘 아침은 복음성가 '야곱의 축복'의 가락이 정겹게 떠오릅니다. 라헬의 아들로 태어난 귀하고 사랑스러운 야곱의 11번째 아들 요셉은 두 번의 꿈을 꾸고 아버지의 특별한 사랑 때문에 형제들에게 미움을 받아 멀리 이집트로 팔려갑니다.

요셉은 소년의 시기를 지내고 청년의 시기가 지나도록 언제나 하나님께서 함께 하심으로 어디에 있든지 성실하고 정직하게 살았습니다. 보디발 장군 아내의 끈질긴 유혹에도 끝까지 자신을 지켜 범죄하지 않은 요셉은 억울하게 감옥에 갇힙니다. 감옥에 있었어도 하나님의 은혜와 보살핌이 함께 하여 마침내 감옥에서 나와 이집트의 총리가 됩니다.

풍요의 때를 지나 극심한 가뭄의 여러 해에 준비한 곡식으로 이집트 국민들 뿐 아니라 인근 나라의 주민들까지 곡식을 사러 애굽 땅에 올 수 밖에 없었고 드디어 요셉은 꿈에도 잊지 못한 고향의 형제들을 만나게 됩니다. 억울하고 슬픈 세월을 지나 영광의 세월 속에서도 고향을 잊지 못했을 것입니다. 아버지와 어머니, 막내 베냐민과 자기를 팔았던 형님들... 결국 드라마틱한 요셉의 인생은 아버지와 형제들을 만나고 가족이 모두 이집트 땅으로 이사해서 요셉 덕택에 고난의 때를 걱정 없이 살게 되는 해피엔딩으로 마무리 집니다.

우리 수험생들의 시기는 아마 요셉이 이집트 보디발 장군 집에서 일하는 시기와 비슷한 것 같습니다.

비록 학생들은 노예는 아니지만 마음대로 시간을 사용하지 못하고 가족들과도 여유 있게 지내지 못하는 미래에 묶여있는 고3의 시기를 보냅니다. 그러나 하나님의 은혜의 보살핌을 통해 무릎 꿇어 기도하는 수험생들이 푸르른 나무의 무성한 가지처럼 담장을 넘어 번성하게 하옵소서.

고등학교를 떠나 대학교로, 직장으로 나아가는 학생들의 미래에 어려움도 있겠지만 전능하신 하나님의 도우심이 함께 하셔서 지금 이 시간뿐 아니라 거친 삶속에서도 승리하는 삶이되기를 간절히 바랍니다.

오늘 하루를 마무리 지으면서 아버지 야곱의 축복처럼 하나님 아버지의 축복이 거칠어진 수험생들의 마음과 가족에 깊은 위로와 은혜로 함께 하시기를 간절히 간구합니다.

다음 세대

"낮도 주의 것이요 밤도 주의 것이라 주께서 빛과 해를
마련하셨으며 주께서 땅의 경계를 정하시며 주께서 여름과
겨울을 만드셨나이다."

- 시편 74:16~17

하나님 아버지, 오늘도 새날을 주시고 건강을 주셔서 감사합니다.
만물이 주님이 주신 새날에 힘차게 시작하게 하옵소서. 추수할 때가
가까워 오는데 아직 가뭄이 해결되지 못했습니다. 하나님 아버지, 곡
식들과 과일들이 충분히 여물도록 단비를 내려주시옵소서.

"낮도 주의 것이요 밤도 주의 것이라 주께서 빛과 해를 마련하셨으
며 주께서 땅의 경계를 정하시며 주께서 여름과 겨울을 만드셨나이
다"(시편 74:16~17).

세상을 창조하시고 빛과 어둠을 나누시고 땅의 경계를 정하실 뿐
아니라 역사를 주관하시는 하나님 아버지, 궁핍하고 가난한 자들의
기도를 들으시고 일제의 억압에서 풀어 주셔서 대한민국을 자유민주
주의국가로 시작하게 하신 주님의 은혜를 감사합니다.

대한민국 첫 번째 대통령으로 믿음의 지도자를 세워 주시고 국회
에서 기도할 수 있는 담대함을 주셨던 아버지 하나님, 대한민국이 오

늘날 세계인들에게 인정받는 나라가 될 줄은 누구도 몰랐습니다. 부르짖어 기도한 수많은 성도들과 불쌍하고 가련한 우리나라에 파송된 선교사님들의 헌신, 열악한 환경에서도 불을 밝히며 공부했던 학생들, 산업 현장에서 수고를 아끼지 않았던 우리의 아버지들이 오늘날의 대한민국을 이루었습니다.

하나님 감사합니다. 하나님 아버지, 이제 다음 세대의 주인공들이 될 우리 학생들에게 대한민국의 정체성과 하나님이 주관하시고 함께 하셨다는 확실한 역사적 사실들을 가르칠 수 있도록 교육자들에게 용기를 주시옵소서. 작년부터 수능에서 한국사 시험을 필수로 치르게 되었습니다. 새로운 과목이 첨가되어 학생들에게 부담이 되기도 하겠지만, 한국사 시험을 준비하며 수험생들이 자유민주주의인 대한민국을 자랑스럽게 여기고 역사의 주관자가 되시는 하나님을 인정할 수 있게 하옵소서.

오늘도 우리 학생들이 추수를 기다리는 곡식들처럼 마지막 결실을 위해 노력하고 있습니다. 이들이 활동할 대한민국을 굳건히 세워 주시고, 이들이 써내려 갈 앞으로의 역사는 공평과 정의가 강같이 흐르고 자유와 평화가 충만하며 하나님의 은혜가 해처럼 빛나는 날들이 되게 하옵소서.

정결

정결하게 하는 샘이 나의 앞에 있도다
성령께서 권고하심 죄 씻으라 하시네
찬양하리 찬양하리 죽임당한 어린 양
주께 영광 돌리어라 우리 죄를 씻어 주셨네
– 찬송가 264장

하나님 아버지, 새 아침이 시작되었습니다. 오늘은 개 짖는 소리가
자동차 소리에 섞여 아침을 깨웁니다. 오늘은 아침이 조금 늦게 시작
되었습니다. 우리 삶이 분주하고 고단하여 착한 마음으로 선한 일을
하며 살아가기 어렵습니다.

수시 지원의 원서 접수기간은 학생들이 인생의 큰 산을 넘고 거친
풍랑을 헤치는 시간이었습니다. 학생들의 몸과 마음에 많은 상처가
있는데, 치료되지 않은 상처들은 짓무르고 곪아 썩게 됩니다.

하나님 아버지, 이들의 거친 마음과 다친 마음, 날카로운 마음속에
스며드는 죄악들을 예수님의 보혈로 씻어 주시옵소서. 정결하게 하
는 보혈의 샘에 죄를 씻어 주옵소서. 미움과 시기와 불공평과 독한 욕
설과 서운함… 이 모두는 하나님께서 주신 마음이 아닙니다. "오직 성

령의 열매는 사랑과 희락과 화평과 오래 참음과 자비와 양선과 충성과 온유와 절제니 이 같은 것을 금지할 법이 없느니라"(갈라디아서 5:22)고 하셨습니다.

주의 보혈의 샘에 죄를 씻어 주시고, 성령을 부어 주시옵소서. 주의 보혈이 흐르는 곳에 사랑과 기쁨과 평화가 싹트게 하시고, 오래 참음과 자비와 양선, 충성이 자라게 하시며, 온유한 가운데 절제할 수 있는 능력이 생기도록 성령 충만함을 주시옵소서.

나는 모든 것을 그것이 영원에서
어떤 값어치가 있을 것인가에 대한 기준으로만 평가한다.
존 웨슬리

회복

"여호와께서 그의 사랑하시는 자에게는 잠을 주시는도다."

- 시편 127:2

하나님 아버지, 새날을 주셔서 감사합니다. 일교차가 커지는 시기입니다. 아침저녁으로 크게 차이나는 온도에 미처 몸이 적응하지 못해 육체적, 정신적으로 약해진 학생들의 건강과 컨디션의 회복을 위해서 기도합니다.

"여호와께서 그의 사랑하시는 자에게는 잠을 주시는도다"(시편 127:2)라는 말씀처럼 안식이 필요한 이들에게 꿀과 같은 휴식을 주시고 몸 구석구석에 주님의 안식이 스며들게 하시는 사랑에 감사드립니다. 연약한 몸이 쉴 수 있도록 은혜를 주셔서 어제보다도 더 좋아진 컨디션으로 학교생활을 건강하게 할 수 있도록 힘을 주시옵소서.

고3 학생들의 수시 지원 원서 접수가 끝났습니다. 원서 접수한 학생들은 곧이어 서류와 추천서, 자기소개서를 갖추어 보내야 합니다. 대학에 따라 증빙서류를 요청하기도 하는데, 요구하는 서류를 제출하면 수시 지원은 일단락됩니다. 학생들이 조마조마한 마음으로 지내면서도 병나지 않고 이 모든 과정을 마무리할 수 있었던 것은 하나님의 은혜이며, 가족들의 사랑과 교사와 학교의 배려 덕분이었습니다.

학생들이 수시 지원을 하면서 경험했던 모든 사랑과 배려를 잊지 않게 하옵소서.

그들이 받은 사랑과 혜택을 당연한 것으로 여기지 않게 하시고, 자신을 돌보아 주신 분들께 감사하는 마음을 갖게 하옵소서. 행여나 그동안 받은 상처가 있다면 주님의 사랑으로 치료하여 주옵소서.

이제부터 다시 시작해야 합니다. 마음을 추스르고 수능시험 준비를 해야 합니다. 오늘은 주님께 모든 것을 맡기고 평안히 쉴 수 있도록 깊은 잠을 허락하시옵소서. 저에게 깊은 잠을 주셔서 질병을 치료하신 하나님 아버지, 하루를 마감하며 깊은 잠을 잘 때 성령의 생기를 불어 넣으셔서 건강하게 아침을 맞이하게 하옵소서.

두손을 모으는 것은 세상을 새롭게 하는 행동의 시작이다.
칼 바르트

교사들의 강건

"오직 여호와를 앙망하는 자는 새 힘을 얻으리니 독수리가

날개 치며 올라감 같을 것이요 달음박질하여도 곤비하지

아니하겠고 걸어가도 피곤하지 아니하리로다."

- 이사야 40:31

하나님 아버지, 새로운 날을 주셔서 감사합니다. 하나님이 만드신 세계는 아버지의 명령대로 쉬지 않고 새로운 시간들을 만들어 냅니다. 책상 시계의 째깍 거리는 소리는 시간 가는 것을 알리고, 자연의 시간은 계절 가는 것을 알립니다. 그렇게 무더웠던 여름의 여운이 아직 한낮에 남아 있지만, 완연한 가을 느낌을 주는 쌀쌀한 공기가 하루를 열어 줍니다.

여 선생님 한 분이 폐렴으로 입원했습니다. 말을 많이 하는 직업을 가진 교사들은 종종 목감기로 고생을 합니다. 교과를 가르치고 학생들과 상담하다 보면 자연히 말을 많이 함으로써 목을 무리하게 씁니다. 그런데 조금 방심하면 기침을 하고, 기침이 지속되고 몸이 약해지면 폐렴까지 걸립니다. 저도 지난 주 내내 감기로 고생하여 아직도 목에 스카프를 하고 목을 보호하고 있습니다.

하나님 아버지, 수시 지원 학생들을 상담하고 그들의 추천서를 써야 했던 고3 선생님들의 건강이 많이 좋지 않습니다. 선생님들의 말씀과 지도, 격려가 수험생들의 앞길에 결정적으로 영향을 미칩니다. 선생님들의 마음과 몸이 건강하도록 아버지께서 강건함을 주시옵소서. 선생님들이 한 학생, 한 학생의 선택과 결정을 끝까지 정성껏 지도할 수 있도록 에너지와 지혜를 주시옵소서.

"하나님이여 주의 판단력을 왕에게 주시고 주의 공의를 왕의 아들에게 주소서"(시편 72:1)라고 하나님께 간구했던 다윗 왕의 기도를 기억합니다. 하나님 아버지, 다윗이 간구했던 주의 판단력과 공의를 우리 선생님들에게 주셔서 주님의 기이한 도움을 감사하고 간증하게 하옵소서.

"오직 여호와를 앙망하는 자는 새 힘을 얻으리니 독수리가 날개치며 올라감 같을 것이요 달음박질하여도 곤비하지 아니하겠고 걸어가도 피곤하지 아니하리로다"(이사야 40:31).

하나님 아버지를 우러러 봅니다. 아버지를 앙망하는 모두에게 오늘도 독수리가 날개 치며 올라감 같은 새 힘을 주시옵소서.

기도는 하나님의 은혜와 능력이 가득 쌓여있는 창고 문을 여는 열쇠다.
대천덕

빛 가운데 거함

"하나님은 우리에게 은혜를 베푸사 복을 주시고 그의
얼굴빛을 우리에게 비추사 (셀라)."

- 시편 67:1

하나님 아버지, 새날을 주시니 감사합니다. 오늘도 저희들에게 은
혜를 베풀어 주시고 주님의 얼굴빛을 우리에게 비추사 빛 가운데에
거하게 하옵소서.

어제는 학교에 있는 기도실에서 기도하는 수험생 두 명을 만났습니
다. 기도실 문 앞에 가지런히 놓여 있는 신발 두 켤레가 제 마음을
붙잡았습니다. 어떤 때는 세 켤레, 많을 때는 다섯 켤레의 신발들이
놓여 있었는데, 수시 접수가 시작되는 얼마 전부터는 두 켤레가 놓여
있었습니다. 기도실 안에 들어가 신발의 주인공을 만나고 기도해 주
어야겠다는 생각을 뿌리칠 수 없어 조용히 기도실 문을 열고 안으로
들어갔습니다. 생각한 대로 두 명의 학생들이 각각 떨어져 기도하고
있었습니다. 그리고 예상했던 대로 고3 학생들이었습니다.

내 마음에 들어온 두 아이의 기도 모습은 어린아이처럼 하나님을
의지함으로 아버지께 모든 것을 맡기고 주님의 빛 가운데 거하는 믿
음의 모습이었습니다. 예수님은 "누구든지 하나님의 나라를 어린아

이와 같이 받들지 않는 자는 결단코 그곳에 들어가지 못하리라"(마가복음 10:15)고 말씀하셨습니다.

수험생들이 대학 진학을 준비하면서 여러 사람들의 마음에 상처를 주었습니다. 그리고 상처를 받았습니다. 하나님 앞에 성실하지 못한 때도 있었습니다.

하나님 아버지, 용서하여 주옵소서. 하나님과의 관계를 회복하게 하옵소서. 하나님의 무한하신 사랑으로 주님의 얼굴빛을 그들에게 비추어 주옵소서. 오늘은 주님의 빛 가운데 거하도록 모든 관계가 회복되게 하옵소서. 가을 햇살보다 더 따스하고 더 깊이 이 수험생들의 영혼을 비추어 주옵소서. 주님을 사랑합니다.

내게 영적 인식이 일어났던 날은 하나님 안에 모든 것이 있고
모든 것 안에 하나님이 계시다는 사실을 보았고 알았던 날이다.
마그데부르크의 메흐틸드

희망

거룩한 천사의 음성 내 귀를 두드리네
부드럽게 속삭이는 앞날의 그 언약을
어두운 밤 지나가고 폭풍우 개이면은
동녘엔 광명의 햇빛 눈부시게 비치네
속삭이는 앞날의 보금자리
즐거움이 눈앞에 어린다

하나님 아버지, 수험생들에게 폭풍우가 몰아치던 어두운 밤이 지
났습니다. 가을 햇빛이 눈부시게 비칩니다. 학생들마다 여러 대학에
수시 지원을 해야 했기에 유라굴라의 광풍 같은 풍랑이 전국의 고3
교실에 불었습니다.

오늘은 학생들이 높은 가을 하늘을 바라보며 어느새 높아진 파란
하늘에 근심을 날려 보내게 하옵소서. 여기저기 한들한들 피어 있는
코스모스를 바라보며 미소 짓게 하시고, 친구들과 하이파이브를 하며
수능까지의 여정을 정비하게 하옵소서.

"우리가 불과 물을 통과하였더니 주께서 우리를 끌어 내사 풍부한
곳에 들이셨나이다"(시편 66:12)라는 말씀처럼 우리 학생들을 인생의
불과 물속을 통과하게 하시고 주님이 준비하신 풍부한 곳으로 이끌어
주옵소서. 이 기간 동안에도 하나님의 백성은 아버지 하나님의 세밀

한 인도하심을 경험했을 것입니다. 주님을 경외함으로 주님께서 그들을 위해 하신 일을 자랑하며 감사하며 찬양하게 하옵소서.

"하나님을 찬송하리로다 그가 내 기도를 물리치지 아니하시고 그의 인자하심을 내게서 거두지도 아니하셨도다"(시편 66:20).

오늘도 우리의 기도를 물리치지 마시고 주님의 인자하심이 온 종일 수험생들과 함께하여 주시기를 간구합니다.

승부사에게 패배의 아픔은 항상 생생한 날것이어야 한다.
늘 승자가 될 수는 없지만 패자의 역할에 길들여져서는 안된다.
이창호 9단

취미와 특기

"나팔소리로 찬양하며 비파와 수금으로 찬양할지어다."

- 시편 150:3

하나님 아버지, 오늘도 새날 새 아침을 주시니 감사합니다. 건강하게 일어나 아버지께 기도하게 하시니 감사합니다. 어제는 가까이 있는 초등학교의 다목적 체육관 준공식에 다녀왔습니다. 90년의 역사를 가진 오래 된 학교인데 이제야 약 300평 규모의 다목적 체육관을 준공하게 되었습니다.

도시 외곽지역에 있는 이 학교에 들어서자 작은 학교 숲에 가을날의 정취가 초등학교 특유의 풋풋함과 함께 전해져 왔습니다. 학생들의 나이에 맞지는 않지만 '내 나이가 어때서'라는 흥겨운 가락에 맞춘 유치원생들의 율동을 보며 관중들이 크게 웃었습니다. 뒤이어 초등학교 4학년 학생들의 오카리나 연주와 5학년 학생들의 우쿨렐레 연주, 6학년 학생들의 기타 연주와 노래… 학년이 올라갈수록 아이들의 음성도 커지고 악기를 연주하는 실력도 나아졌습니다.

오랜만에 학년이 서로 다른 초등학교 학생들의 특기를 한 자리에 감상하고 나서 나이는 그냥 먹는 게 아니며, 교육은 저절로 되지 않는다는 것을 새삼 실감했습니다. 철모르는 초등학교 학생들도 교사들의 지도에 따라 시간을 내고 연습을 하니 훌륭한 연주를 하여 축하객에게 감동을 선물할 수 있었습니다. 무엇보다도 자신들의 역량이 크게 발전했을 것입니다.

"나팔소리로 찬양하며 비파와 수금으로 찬양할지어다"(시편 150:3).

하나님 아버지, 다양한 취미를 가진 우리 수험생들이 지금은 대학 진학의 목표 아래 모든 활동을 멈추고 있습니다. 그러나 주님께서 주신 재능을 가진 학생들이 그들의 특기와 재능의 능력을 발휘하기 위해 실기고사를 대비하여 준비하고 있습니다. 이들이 가진 재능과 특기들로 자신과 가족, 이웃을 풍요롭게 하며 하나님께 감사의 예배를 드리게 하옵소서.

나팔소리로 찬양하며 비파와 수금으로 찬양했던 이스라엘 레위인들처럼 자신들에게 재능을 주신 하나님을 영화롭게 하는 귀한 일들을 감당하게 하옵소서.

달팽이는 끈기로 방주에 도착했다.
찰스 스펄전

수험생들의 환경

"나는 가난하고 궁핍하오니 하나님이여 속히 네게
임하소서 주는 나의 도움이시요 나를 건지시는 이시오니
여호와여 지체하지 마소서."

- 시편 70:5

하나님 아버지, 하루가 다르게 아침 공기가 싸늘해집니다. 벌써 설
악산에는 단풍이 조금씩 들고 있다고 합니다. 가까운 북한산에는 벌
개미취 연보랏빛 꽃무리와 하얀색 구절초, 그리고 철지난 패랭이꽃
들이 언덕길에서 가을 하늘을 배경으로 한들거리며 피어 있습니다.
화살나무는 예쁘게 단풍이 들었고, 가끔씩 단풍이 든 나무가 푸른 나
무 가운데 섞여 있었습니다. 덤불 숲속에서는 참새 떼들이 후드득 지
나가고 숲 양쪽에서는 '쓰르르쓰르르', '찌르르찌르르' 풀벌레 소리들
이 끊임없이 들려옵니다.

하나님이 만드신 숲 속에서 나무와 꽃과 새와 곤충들이 활기차고
즐겁게 살아가는 것 같습니다. 문득, '물고기는 물에 살고 숲 속에는
새들과 곤충이 살 듯, 우리 학생들은 학교에서 살아가는데 학교가 정
말 이 학생들이 즐겁게 살아갈 수 있는 곳일까? 특히, 몸과 마음이 늘
피곤한 우리 수험생들이 있는 학교와 학원이 건강하고 지혜롭게 생활

할 수 있는 공간일까?' 하고 생각해 봅니다. 공부하라고 하기 전에 더 좋은 공간을 주지 못해 미안한 마음이 듭니다.

하나님 아버지, 학교 안으로 고추잠자리, 나비, 꿀벌들을 더 많이 보내 주시고, 주변의 나뭇잎들을 아름답게 변하게 하사 아이들의 피곤이 회복되게 하옵소서. 아이들의 마음이 궁핍하고 가난합니다. 하나님 아버지, 이들에게 임하여 주옵소서. 이들 곁에 함께 하여 주옵소서.

"나는 가난하고 궁핍하오니 하나님이여 속히 내게 임하소서 주는 나의 도움이시요 나를 건지시는 이시오니 여호와여 지체하지 마소서"(시편 70:5).

주말에도 쉬지 못하는 수험생들의 마음을 주님이 위로하여 주옵소서.

역경 속에서도 계속 의욕을 가져라.
최선의 결과는 곤경 속에서 나오는 경우가 많다.
마틴 브라운

가을날 찬양

온 천하 만물 우러러 다 주를 찬양하여라 할렐루야 할렐루야
저 금빛 나는 밝은 해 저 은빛 나는 밝은 달 하나님을 찬양하라

힘차게 부는 바람아 떠 가는 묘한 구름아 할렐루야 할렐루야
저 돋는 장한 아침 해 저 지는 고운 저녁 놀 하나님을 찬양하라.

저 귀한 땅은 날마다 한없는 복을 펼치어 할렐루야 할렐루야
땅 위의 꽃과 열매들 주 영광 나타내어서 하나님을 찬양하라

너 선한 마음 가진 자 늘 용서하며 살아라 할렐루야 할렐루야
큰 고통 슬픔 지닌 자 네 근심 주께 맡겨라 하나님을 찬양하라
- 찬송가 69장

만왕의 왕이신 하나님 아버지, 온 만물이 주님을 찬양하고 주님의
높으심을 경배드립니다. 성 프란체스코의 이 기도문은 찬양으로 부
를 때 더 가슴이 벅차오릅니다. 모든 만물을 저희들에게 주시고 그 세
상 속에서 선한 마음으로 용서하며 살아가기를 원하시는 하나님 아버
지, 우리 수험생들이 모든 고통과 슬픔 그리고 근심을 주님께 맡기게

하옵소서.

수험생들은 얼마 남지 않은 수능 준비로 오늘도 마음이 무겁습니다. 특히 올해 수능시험을 한 번 더 보기로 계획한 수험생들에게 이번 해의 수능은 지난해보다 더 좋은 성적을 내야 하는 부담이 많습니다.

하나님 아버지, 시험에 눌리지 않도록 떠가는 구름과 일렁이는 바람에 마음의 근심을 몰아내게 하시옵소서. 가을날 높은 하늘을 바라보고 은은한 달빛 안에서 주님이 주시는 평강으로 주님의 은혜를 찬양하게 하옵소서. 지금까지 지켜 주시고 붙들어 주신 하나님의 은혜를 감사하며 오늘은 힘 있는 찬양으로 주님을 기쁘시게 하는 여유를 주시옵소서.

"할렐루야 하늘에서 여호와를 찬양하며 높은 데서 그를 찬양할지어라 그의 모든 천사여 찬양하며 모든 군대여 그를 찬양할지어라 해와 달아 그를 찬양하며 밝은 별들아 다 그를 찬양할지어다"(시편 148:1~2).

감사를 드리는 것은 좋은 것이다.
하지만 감사하는 삶은 더 좋은 것이다.
매튜 헨리

작은 일에 충성

"그 주인이 이르되 잘 하였도다 착하고 충성된 종아 네가

적은 일에 충성하였으매 내가 많은 것을 네게 맡기리니 네

주인의 즐거움에 참여할지어다 하고."

- 마태복음 25:23

하나님 아버지, 가을 들녘에서 벼 이삭이 머리를 숙이고 일렁이고 있습니다. 얼마나 풍성하고 아름다운 광경인지 모릅니다. 봄날에 모내기를 하여 찰랑거리는 물속에서 자라던 어린 벼 모종이 긴 여름의 무더위 속에서도 마르지 않고 잘 자라서 논 가득히 황금빛 물결을 이루며 한알 한알 알곡으로 채우고 있습니다.

차가운 바람이 불면 벼 이삭들은 더 탱글탱글하게 여물어 갈 것입니다. 차가운 바람이 불수록, 추수 때가 가까울수록, 벼 이삭들은 말없이 속을 채우며 여물어 갑니다.

2, 3년제 대학에 진학하는 학생들을 위한 수시 1차 전형이 마무리되고 있습니다. 4년제 대학보다 조금 일찍 대학 과정을 마치고, 직업을 찾기 위해 진로를 결정할 학생들이 전문대학 수시모집에 지원합니다.

하나님 아버지, 들판에 일렁이는 벼 이삭들의 풍성함같이 이들의 수고와 노력으로 이 세상의 직장들이 풍성하게 일렁이기를 바랍니다. 소박한 꿈을 지니고 책임 있는 사회인이 되기 위해 대학의 문을 두드리는 이들의 손을 잡아 주시고 하나님께서 선하게 인도하여 주옵소서. 비록 친구들과 다른 길을 갈지라도 자신의 길을 소중히 여기고 작은 일에 충성하면 큰일을 맡기시는 주님의 음성에 귀 기울이게 하옵소서.

"그 주인이 이르되 잘 하였도다 착하고 충성된 종아 네가 적은 일에 충성하였으니 내가 많은 것을 네게 맡기리니 네 주인의 즐거움에 참여할지어다 하고"(마태복음 25:23).

작은 것을 소중히 여기시고 남은 것도 버리시지 않으시는 하나님 아버지의 성품을 닮게 하옵소서. 주님을 사랑하는 선한 청지기들로 성장하게 하옵소서. 이들이 선택한 일을 온 가족과 이웃과 교사들이 축복하고 응원하게 하옵소서.

당신이 어디 있든, 정신을 바짝 차리고 빈틈없이 행하라.
하나님의 뜻이라고 믿는 모든 상황에 철저하게 살라.
짐 엘리엇

믿음의 증거

"믿음은 바라는 것들의 실상이요 보이지 않는 것들의
증거니 선진들이 이로써 증거를 얻었느니라."

- 히브리서 11:1~2

하나님 아버지, 새날을 주셔서 감사합니다. 4년제 수시 지원 접수
가 끝났고, 2·3년제 대학 수시 1차 원서 접수도 마무리되어가면서 복
잡했던 교실은 긴장 속에서 고요합니다. 수험생들은 1차 면접 대상자
발표와 합격자 발표를 기대하며, 손에 잘 잡히지는 않지만, 수능 준비
에 집중하려고 합니다. 고등학교 3학년, 1년간은 아무것도 생각하지
말고 입시에 집중하려고 하지만 그렇게 하기가 쉽지 않습니다.

하나님 아버지, 하루하루 주님께서 주시는 새 힘으로 최선을 다하
는 것이 가장 빠른 길이며 지름길임을 깨닫게 하옵소서. 실력을 쌓기
위해 자발적으로 학습하는 계획성과 실천력을 주시옵소서.

마음속에 있는 어수선함을 털어내고 모든 염려를 아버지 하나님께
맡기며 앞길을 향해 전진하도록 하옵소서. 수험생들에게 영육 간에
건강함을 주시옵소서. 책상 앞에 있는 책들이 답답하게 느껴질 때 상
쾌한 바람을 보내 주시고, 짧은 휴식의 시간에도 빠른 회복을 주시옵
소서.

아버지 하나님의 말씀을 의지합니다.

"믿음은 바라는 것들의 실상이요 보이지 않는 것들의 증거니 선진들이 이로써 증거를 얻었느니라"(히브리서 11:1~2).

지금은 보이지 않습니다. 믿음으로 지원하고 믿음으로 나아갑니다. 믿음의 선배들이 믿음으로 행하고 증거를 얻은 것을 깊이 기억하게 하옵소서. 하나님 아버지의 신실하심으로, 믿음으로 바라는 것들의 실상을 확실히 체험하고 날마다 지치지 않고 전진하게 하옵소서. 오늘도 아버지 하나님을 의지함으로 최선을 다하는 날이 되고 후회 없는 날이 되게 하옵소서.

하나님의 방법으로 이루어지는 그분의 일에 하나님은 넉넉히 공급하신다.
하나님의 능력을 의지하라!
허드슨 테일러

더 좋은 것을 예비하심

"이는 하나님이 우리를 위하여 더 좋은 것을 예비하셨은즉
우리가 아니면 그들도 온전함을 이루지 못하게 하심이라."

– 히브리서 11:40

하나님 아버지, 새날이 밝았습니다. 오늘은 수능이 50일 남은 날입니다. 밤늦게까지 문제들과 씨름하면서 수시 지원 결과에 대한 궁금함으로 수험생들의 마음은 피곤합니다. 수험생들은 태풍의 눈에 있는 것처럼 복잡했던 수시 지원과 결과를 기다리는 가운데 불안하고 고요한 밤을 보내고 있습니다.

하나님 아버지, '범사에 감사하라'는 말씀을 떠올리며 오늘을 선물(present)로 주신 아버지께로 마음을 향하게 하옵소서. 수많은 수험생들이 해마다 이 과정을 거칩니다. 인생에서 꼭 통과해야 할 기간입니다. 변함없이 새날을 주신 아버지 하나님과 한결같은 사랑으로 지원해 주시는 부모님 그리고 거친 길을 함께 갈 수 있는 친구들이 있어 너무나 감사합니다.

기다리는 것은 힘듭니다. 그러나 좋은 일을 기다리는 것은 기쁩니다. 무릎 꿇고 기도하며 기다리는 수험생들에게 좋은 것을 주시옵소서. 수험생들이 생각했던 것보다 더 좋은 것을 주시고, 그것을 믿으며

한 주간의 중간 고개를 넘게 하옵소서.

부모님, 형제들, 믿음의 친구들과 기도하는 중에 하나님은 우리를 위해 좋은 것을 예비하시며 우리 모두에게 온전함을 이루게 하신다는 믿음으로 평안을 누리게 하옵소서.

"마음의 즐거움은 얼굴을 빛나게 하여도 마음의 근심은 심령을 상하게 하느니라"(잠언 15:13)는 말씀처럼 더 좋은 것을 예비하실 하나님을 의지하며, 오늘도 근심을 몰아내고 즐거움과 감사로 빛나게 하옵소서.

당신의 힘에 알맞은 일을 달라고 기도하지 말라.
당신의 일에 맞는 힘을 달라고 기도하라.
필립스 브룩스

믿음의 유산

"이는 네 속에 거짓이 없는 믿음이 있음을 생각함이라
이 믿음은 먼저 네 외조모 로이스와 네 어머니
유니게 속에 있더니 네 속에도 있는 줄을 확신하노라."

- 디모데후서 1:5

하나님 아버지, 새 날이 밝았습니다. 오늘도 생명을 연장시켜 주시고 건강을 주셔서 감사합니다. 어제는 일생 동안 믿음으로 사신 권사님의 천국 배웅 길에 다녀왔습니다. 향년 93세의 삶을 마무리 짓고 아침을 드신 후 고요히 하나님 아버지가 계신 곳으로 떠나신 권사님은 참으로 선하고 복된 삶을 사셨습니다.

하나님 아버지, "우리의 연수가 칠십이요 강건하면 팔십이라도 그 연수의 자랑은 수고와 슬픔뿐이요 신속히 가니 우리가 날아가나이다"(시편 90:10)라는 성경말씀이 떠오릅니다.

험한 인생길을 믿음으로 살아갈 수 있는 것은 아버지 하나님의 도우심과 예수 그리스도의 긍휼하심과 성령님의 역사하심으로만 가능합니다. 한 세대가 가면 또 한 세대가 그 뒤를 이르고, 또 한 세대가 자랍니다. 우리 부모님들이 믿음으로 사셨던 것 같이 저희도 믿음에 굳게 서고 천국 소망을 단단히 붙들게 하옵소서.

하나님 아버지, 고3 학생들과 다시 시험에 도전하는 학생들이 얼마 남지 않은 수능을 위해 전력을 다하고 있습니다. 곧이어 2학기 중간고사가 실시되는 고등학교가 많이 있어 수험생들에게는 부담이 됩니다. 또한 중학교 3학년 학생들은 고등학교 진학을 위해 중요하게 평가되는 마지막 중간고사를 치러야 합니다. 이들 안에 조상 때부터 내려오는 거짓이 없는 순결한 믿음이 이어지게 하옵소서. 내 하나님이 주신 마음은 두려워하는 마음이 아니고 오직 능력과 사랑과 절제하는 마음이라고 하신 말씀대로 오늘도 두려워하는 마음을 믿음으로 몰아내게 하옵소서.

이들을 통해 예수 그리스도를 통한 구원의 선물과 아버지께서 부르신 부르심의 뜻이 이어지게 하시고, 성령님의 능력으로 세상에서 승리하는 믿음의 자손들이 되게 하옵소서.

"이는 네 속에 거짓이 없는 믿음이 있음을 생각함이라 이 믿음은 먼저 네 외조모 로이스와 네 어머니 유니게 속에 있더니 네 속에도 있는 줄을 확신하노라"(디모데후서 1:5).

은혜로우신 하나님, 오늘 저에게 하나님을 기쁘시게 하는 모든 것을 간절히 바라고, 그것을 신중하게 검토하며, 또 진실하게 인정하고, 온전히 성취할 수 있는 은혜를 허락해 주소서.
토마스 아퀴나스

빛 가운데로 전진

태산을 넘어 험곡에 가도 빛 가운데로 걸어가면
주께서 항상 지키시기로 약속한 말씀 변치 않네
하늘의 영광 하늘의 영광 나의 맘속에 차고도 넘쳐
할렐루야를 힘차게 불러 영원히 주를 찬양하리

- 찬송가 445장

하나님 아버지, 새날을 주셔서 감사합니다. 지금까지 건강을 지켜 주신 아버지의 은혜를 감사합니다. 태산을 넘어 험곡을 지날 때에도 빛 가운데로 걸어 갈 수 있도록 빛 되신 예수님께서 인도해 주셔서 감사합니다.

새벽이 가까울수록 어둠이 더 짙어집니다. 아름다운 10월을 앞에 두고 있지만 수시지원을 하고 결과가 불확실하며 수능시험을 치러야 하는 학생들의 마음은 어수선합니다. 처음부터 정시를 준비하여 수능에 집중했던 수험생들은 9월을 지내며 수시지원의 들뜬 분위기에서 많이 지쳐있습니다. 논술 전형에 지원한 학생들도 최저학력 조건을 맞추기 위해 수능시험을 치러야 합니다.

하나님 아버지, 불안함과 피곤함으로 어두워진 이 학생들의 마음에 빛 되신 주님께서 소망으로 비춰 주시옵소서. 특별히 올해 수능시험을 다시 치르는 학생들의 마음을 붙잡아 주셔서 시험으로 인해 넘어지지 않게 하옵소서. 빛 가운데 전진하게 하옵소서.

"아무것도 염려하지 말고 다만 모든 일에 기도와 간구로, 너희 구할 것을 감사함으로 하나님께 아뢰라 그리하면 모든 지각에 뛰어난 하나님의 평강이 그리스도 예수 안에서 너희 마음과 생각을 지키시리라"(빌립보서 4:6~7).

오늘도 감사함으로 주님께 간구합니다. 하나님의 평강으로 채워 주시고 빛 되신 예수님 안에서 마음과 생각이 강건해지게 하셔서 날마다 빛 가운데 전진하게 하옵소서.

그리스도인은 절대 완성된 상태가 아니며, 언제나 완성되는 과정 중에 있다.
마틴 루터

결실

"무릇 내게 붙어 있어 열매를 맺지 아니하는 가지는 아버지께서
그것을 제거해 버리시고 무릇 열매를 맺는 가지는 더 열매를
맺게 하려 하여 그것을 깨끗하게 하시느니라."
- 요한복음 15:2

하나님 아버지, 가을이 한창이어서 시장에는 온갖 풍성한 과일들
이 가득합니다. 가을볕에 까맣게 익은 포도가 탐스럽습니다. 올해도
맛있는 과일과 귀한 곡식들을 저희들에게 주신 하나님 아버지께 감사
드립니다.

내가 포도나무요 내 아버지는 농부라고 하신 예수님의 말씀을 묵
상합니다. "무릇 내게 있어 과실을 맺지 아니하는 가지는 아버지께서
그것을 제거해 버리시고 무릇 과실을 맺는 가지는 더 열매를 맺게 하
려 하여 그것을 깨끗하게 하시느니라"(요한복음 15:2)고 예수님께서 말
씀하셨습니다.

올해 저희 집도 포도나무에 포도송이가 주렁주렁 열렸습니다. 아
버지의 말씀대로 봄에 포도가지들을 많이 잘라 주었더니 놀랍게도 많
은 포도송이들이 열렸습니다. 포도송이를 세어보고 익어가는 것을
바라보는 기쁨이 있었습니다.

올해 수험생들도 자신들의 생활에서 많은 가지들을 잘라야 했습니다. 취미생활과 여가 활동들을 잘라내고 눈이 오나, 비가 오나, 뜨거운 햇볕이 쪼이는 날에도 목표를 향해 꾸준히 노력해야 했습니다.

하나님 아버지, 이들의 수고와 노력에 기쁨의 열매가 달리게 하옵소서. 그 수고의 열매를 부모와 이웃들이 함께 나누며 하나님께 영광을 돌리게 하옵소서. 많은 가지가 잘라져 나갈 때의 아픔을 견디고 탐스러운 과실을 맺어 준 과일 나무가 대견합니다. 부지런한 농부들은 벌레들이 달려들고 새떼들이 쪼아 먹을까 싶어 과일들을 단단히 싸매어 주었습니다.

하나님 아버지, 우리 수험생들이 마지막까지 좋은 열매를 맺도록 예수님의 큰 나무에 단단히 붙어 영양분을 공급받게 하옵소서. 나쁜 생각과 부정적인 생각이 오늘도 학생들을 상처내지 않도록 아버지의 넓은 사랑으로 감싸 주시옵소서. 가을 들녘을 풍성하게 채워 주신 하나님의 은총이 시험을 준비하며 간절히 주님께 간구하는 수험생들과 함께하여 주옵소서.

우리가 주님께 맡겨 드린 모든 것은 안전하다.
그러나 맡기지 않는 것은 그 어떤 것이라도 위험하다.
A. W. 토저

나라를 위한 기도

"우리의 능력이 되시는 하나님을 향하여 기쁘게 노래하며
야곱의 하나님을 향하여 즐거이 소리칠지어다 시를 읊으며
소고를 치고 아름다운 수금에 비파를 아우를지어다
초하루와 보름과 우리의 명절에 나팔을 불지어다."

- 시편 81:1~3

하나님 아버지, 아름다운 계절을 저희들에게 주셔서 감사합니다.
오늘은 하나님을 향하여 기쁘게 노래하며 즐거이 외치게 하옵소서.
초하루와 보름과 명절에 나팔을 불라고 하신 말씀처럼 우리를 둘러싼
사방을 향해 나팔을 크게 붑니다.

"제사장 일곱은 일곱 양각 나팔을 잡고 언약궤 앞에서 나아갈 것이
요 일곱째 날에는 그 성을 일곱 번 돌며 그 제사장들은 나팔을 불 것이
며 제사장들이 양각 나팔을 길게 불어 그 나팔 소리가 너희에게 들
릴 때에는 백성은 다 큰 소리로 외쳐 부를 것이라 그리하면 그 성벽이
무너져 내리리니 백성은 각기 앞으로 올라갈지니라 하시매"(여호수아
6:4~5)

여호수아와 이스라엘 백성들이 하나님의 말씀에 순종해서 나팔을
불고 큰 소리로 외칠 때 앞 길을 가로막고 있던 견고한 성벽이 무너져

내린 것처럼 수험생들과 이 나라를 둘러싸고 있는 견고한 진들이 무너지게 하소서. 우리나라를 지켜 주시고 자주 국방의 힘을 기를 수 있도록 은혜를 주신 하나님께 감사드립니다. 지금도 DMZ 철책선에서는 군인들이 밤낮 없이 전쟁에 대비하여 근무하고 있습니다. 대한민국의 젊은이들이 나라를 지키기 위해 22개월간 군 복무의 의무를 완수하고 있습니다. 대학에 진학할 우리 수험생들도 머지않아 국방의 의무를 다하기 위해 군대에 입대할 것입니다.

하나님 아버지, 우리나라를 전쟁의 위험에서 건져 주시고 분단된 대한민국에 통일을 주시옵소서. "여호와께서 집을 세우지 아니하시면 세우는 자의 수고가 헛되며 여호와께서 성을 지키지 아니하시면 파수꾼의 깨어 있음이 헛되도다"(시편 127:1)라고 말씀하셨습니다.

수험생들은 관심이 없을 수도 있습니다. 그러나 조국이 있어야 시험도 있고, 조국을 지키는 누군가가 있기에 우리가 평안히 살아가며 목표를 향해 집중할 수 있다는 것을 생각하게 하옵소서. 무엇보다도 하나님께서 지키셔야만 이 나라가 지켜질 수 있다는 사실을 깨닫게 하옵소서.

오늘 수험생들도 조국의 평화 통일을 위해 잠시라도 시간을 내어 하나님께 간구하게 하옵소서.

지식은 받아들임으로 자라지만 마음은 내어주는 것으로 자란다.
워렌 위어즈비

용기

"주께 힘을 얻고 그 마음에 시온의 대로가 있는 자는
복이 있나이다 그들이 눈물 골짜기로 지나갈 때에 그곳에
많은 샘이 있을 것이며 이른 비가 복을 채워 주나이다."
- 시편 84:5~6

하나님 아버지, 희미하게 여명이 밝아옵니다.

모든 것이 때가 있듯이 여름은 가을에 자리를 비켜 주고 뜨거운 날
들을 쌀쌀한 바람이 식히고 있습니다. 앞날에 대한 기대와 꿈을 키우
는 학생들이 중요한 선택을 해야 할 때가 가까이 오고 있습니다.

학생들에게 재능대로 하나님께서 베풀어 주신 달란트를 잘 분별하
게 하시고, 하나님의 비전을 품게 하옵소서. 걱정과 불안을 예수 그리
스도의 십자가 앞에 내려놓고 상한 갈대도 꺾지 않으시는 당신의 사
랑을 의지하며 마음을 평안을 누리게 하여 주소서.

하나님 아버지, "주께 힘을 얻고 그 마음에 시온의 대로가 있는 자
는 복이 있나이다 그들이 눈물 골짜기로 지나갈 때에 그곳에 많은 샘
이 있을 것이며 이른 비가 복을 채워 주나이다"(시편 84:5~6)라는 시편
의 말씀을 기억합니다.

어린 학생들의 눈물과 한숨을 기억하시고 눈물 골짜기에 샘이 솟

게 하시며, 먼저 출발하는 이들의 앞길에 이른 비로 축복하여 주옵소서.

당신을 어린아이와 같이 의지하는 아들, 딸들을 지켜주시고 지혜와 명철을 부어 주소서. 공부를 하다 보면 어두운 골짜기를 지나는 것 같이 한 치 앞의 미래도 보이지 않을 때도 있습니다. 하나님, 예민하고 우울감이 있는 학생들의 마음에 새로운 소망을 불어넣어 주사 마르지 않는 생수의 근원이 되어 주소서.

오늘도 우리에게 주님의 크신 능력을 보여주시니 감사드립니다. 험한 길을 갈 때도 기쁨과 희망을 잃지 않게 하시는 주님! 우리를 도우시고 힘을 주시는 당신의 손길을 거두지 마옵소서. 마음을 괴롭고 무겁게 하는 모든 것들이 계절이 바뀌듯 하나님의 섭리 속에서 지나갈 것을 압니다. 남은 기간 동안 주님을 의지하고 최선을 다하게 하옵소서.

장벽은 가로막기 위함이 아니라 우리가 얼마나 간절히 원하는지 보여줄
기회를 주기 위해 거기 서 있는 것이다.
랜드 포시

언더우드를 생각하며

"믿음은 바라는 것들의 실상이요 보이지 않는 것들의 증거니…."

- 히브리서 11:1

하나님 아버지, 아무것도 보이지 않는 광야에서 이스라엘 백성은 수많은 기적을 보고 경험했습니다. 이스라엘 백성은 고개를 들어 주님을 쳐다보면 모든 문제가 해결됐습니다. 참으로 간단한 일이었습니다. 하지만 매일 광야길을 가면서 하나님만 쳐다보는 일이 쉽지 않습니다. 마음을 빼앗는 것들이 너무 많습니다.

주님은 아론에게 이렇게 말씀하셨습니다. "너는 이스라엘 자손의 땅에 기업도 없겠고 그들 중에 아무 분깃도 없을 것이나 내가 이스라엘 자손 중에 네 분깃이요 네 기업이니라"(민수기 18:20).

그렇습니다. 우리가 아무것도 없다고 할 때 주님은 우리에게 오셔서 모든 것이 되십니다. 그러므로 하나님과 더불어 이 길을 가는 것은 너무나 중요합니다. 130여 년 전 젊은 청년 언더우드 선교사가 한국 땅에 발을 디뎠을 때 그는 한국의 가엾은 모습을 보며 탄식 속에서 기도를 시작했습니다. 하나님과 함께했던 선교사의 사랑의 수고를 통해 놀라운 일들이 일어났습니다.

언더우드 선교사의 기도

오, 주여! 지금은 아무것도 보이지 않습니다. 주님, 메마르고 가난한 땅, 나무 한 그루 시원하게 자라 오르지 못하고 있는 땅에 저희를 부르셨습니다. ⋯ 보이는 것은 어둠과 가난과 인습에 묶여 있는 조선 사람들뿐입니다. 그들은 왜 묶여 있는지, 그것이 고통이라는 것조차 모르고 있습니다. 고통이 고통인 줄 모르는 자에게 고통을 벗겨 주겠다고 하면 의심하고 화부터 냅니다.

조선 남자들의 속셈이 보이지 않습니다. 이 나라 조정의 내심도 보이지 않습니다. 가마 타고 다니는 여자들을 영영 볼 기회가 없으면 어찌하나 싶습니다. 조선의 마음이 보이지 않습니다. 그리고 저희가 해야 할 일이 보이질 않습니다. 그러나 주님, 순종하겠습니다. 겸손하게 순종할 때 주께서 일을 시작하시고, 그것을 우리의 영적인 눈으로 볼 수 있는 날이 올 줄 믿습니다.

"믿음은 바라는 것들의 실상이요 보지 못하는 것들의 증거니⋯"(히브리서 11:1)라고 하신 말씀을 따라 조선의 믿음의 앞날을 보게 될 것을 믿습니다. ⋯ 지금은 예배드릴 예배당도 없고 학교도 없고 그저 경계와 의심과 멸시와 천대함이 가득한 곳이지만, 이곳이 머지않아 은총의 땅이 될 것을 믿습니다. 주여, 오직 내 믿음을 붙잡아 주소서.

하나님 아버지, 언더우드 선교사님의 기도처럼 우리도 아버지를 신뢰하며 주어진 길을 걸어가게 하시고, 모든 것 되시는 하나님의 기업을 이어받게 하소서. 이 땅의 수많은 학생들이 비전을 마음에 품고 진리와 은혜의 주님과 동행하는 하루가 되게 하옵소서.

두려워 말라

"보혜사 곧 아버지께서 내 이름으로 보내실 성령 그가
너희에게 모든 것을 가르치고 내가 너희에게 말한 모든
것을 생각나게 하리라 평안을 너희에게 끼치노니 곧 나의
평안을 너희에게 주노라 내가 너희에게 주는 것은 세상이
주는 것과 같지 아니하니라 너희는 마음에 근심하지도
말고 두려워하지도 말라."

- 요한복음 14:26~27

주 예수님, 오늘도 기도하며 당신의 얼굴을 구하기 원합니다. 모든
것이 은혜임을 고백합니다. 하늘 아버지가 당신을 사랑하신 것처럼
당신 또한 우리를 사랑하여 주심을 감사합니다. 시험이라는 현실 앞
에서 사랑을 느끼기 힘들 때도 있지만 오늘 당신의 사랑 안에 거하기
를 소망합니다.

하나님은 우리에게 모든 것을 주시면서 아무것도 요구하지 않으십
니다. "나를 기억해 주십시오"라고 애원하는 십자가 위의 한편 강도에
게 "오늘 나와 함께 낙원에 있을 것이다"라고 하신 주님. 우리의 조건,
자격, 형편과 상관없이 연약한 자의 기도를 들어주심을 감사합니다. 제
한 없고 차별 없는 당신의 사랑 때문에 눈물 골짜기를 감사하며 통과할

수 있습니다. 필요를 따라 베푸시는 은혜를 믿으며 용기를 잃지 않습니다. 주님이 이 땅에 계셨을 때, 연약한 우리와 마찬가지로 고난과 문제, 유혹의 골짜기를 통과하셨습니다. 우리를 사랑하셔서 우리와 같이 되어 주신 주님의 사랑이 지금 이 자리에서 우리와 함께 합니다.

"너희가 내 안에 거하고 내 말이 너희 안에 거하면 무엇이든지 원하는 대로 구하라 그리하면 이루리라"(요한복음 15:7) 구하고, 찾고, 두드리겠습니다. 그러면 무엇이든 받고, 찾으며, 열릴 것입니다. 이것이 주님의 약속입니다. 말하는 대로 되는 인생을 살기 원합니다. 내 마음이 주님이 거하시는 집이 되어서 말하는 대로 되는 인생을 살게 하소서.

주님은 또 이렇게도 말씀하셨습니다. "보혜사 곧 아버지께서 내 이름으로 보내실 성령 그가 너희에게 모든 것을 가르치고 내가 너희에게 말한 모든 것을 생각나게 하리라"(요한복음 14:26). 지금 우리에겐 하나님이 주 예수님의 이름으로 보내주신 보혜사 성령님이 계십니다. 성령님, 우리에게 필요한 모든 것을 가르쳐 주옵소서.

오늘도 구하고, 찾으며, 두드리는 기도의 삶을 살기 원합니다. 지금까지 우리의 기도에 응답해 주신 주님 앞에 이 시간 나아가니 받아 주소서.

부활

"예수께서 이르시되 나는 부활이요 생명이니
나를 믿는 자는 죽어도 살겠고 무릇 살아서 나를 믿는 자는
영원히 죽지 아니하리니."

- 요한복음 11:25~26

　　하나님 아버지, 새 아침이 시작되었습니다. "아침에 나로 하여금
주의 인자한 말씀을 듣게 하소서"(시편 143:8)라고 간구했던 다윗처럼
오늘도 주의 인자한 말씀을 저와 수험생들이 듣게 하옵소서.

　　저희들에게 생명을 주시고 또 생명의 한계를 정하신 하나님 아버
지, 지금은 앞이 보이지 않는 터널에 있는 것같지만 반드시 환한 출구
가 우리를 기다리고 있음을 알고 있습니다. 우리가 주님을 의지여 전
쟁터와 같은 이 길을 달리고, 하나님을 의지하여 우리를 가로막는 담
을 뛰어넘나이다.

　　"나는 부활이요 생명이니 나를 믿는 자는 죽어도 살겠고 무릇 살아
서 나를 믿는 자는 영원히 죽지 아니하리니"(요한복음 11:25~26)라고 말
씀하신 예수님, 예수님의 말씀이 참 위로가 됩니다. 무덤에 계시지 않
고 살아서 하늘에 올라가시고 다시 돌아오시겠다고 약속하신 예수님
의 말씀이 참 희망이 됩니다.

하나님 아버지, 주말이나 휴일에도 대학입시를 앞 둔 학생들은 수능을 준비하기 위해 도서관이나 학교에 나갈 것입니다. 하나님 아버지, 수험생들이 단순히 수시 지원과 수능에 갇히지 않게 하시고 부활이요 생명이신 예수님을 믿는 굳센 믿음을 주시옵소서. 오늘 아침에도 주님의 인자한 말씀을 듣게 하시고 주를 의지하게 하옵소서.

"주를 향하여 손을 펴고 내 영혼이 마른 땅 같이 주를 사모하나이다 여호와여 속히 내게 응답하소서 내 영이 피곤하니이다 주의 얼굴을 내게서 숨기지 마소서 내가 무덤에 내려가는 자 같을까 두려워하나이다 아침에 나로 하여금 주의 인자한 말씀을 듣게 하소서 내가 주를 의뢰함이니이다 내가 다닐 길을 알게 하소서 내가 내 영혼을 주께 드림이니이다 여호와여 나를 내 원수들에게서 건지소서 내가 주께 피하여 숨었나이다 주는 나의 하나님이시니 나를 가르쳐 주의 뜻을 행하게 하소서 주의 영은 선하시니 나를 공평한 땅에 인도하소서"(시편 143:6~10).

하나님 아버지, 시험을 준비하는 젊은이들에게 주님의 뜻을 가르치시고 그 뜻을 행하는 믿음의 사람들로 세워 주옵소서. 하나님의 영은 선하시니 이들이 흘린 수고의 땀이 헛되지 않고 하나님 나라에 귀하게 사용될 수 있도록 공평의 길로 인도하옵소서.

견고함

"주 우리 하나님의 은총을 우리에게 내리게 하사
우리의 손이 행한 일을 우리에게 견고하게 하소서
우리의 손이 행한 일을 견고하게 하소서."

- 시편 90:17

하나님 아버지, "아침에 주의 인자하심이 우리를 만족하게 하사 우리를 일생동안 즐겁고 기쁘게 하소서"(시편 90:14)라는 성경말씀을 기억하며 새 아침을 맞이합니다. 어두운 밤이 지나고 새 아침이 되었습니다. 오늘도 주의 인자하심이 우리를 만족하게 하사 즐겁고 기쁜 소망의 날이 되기를 원합니다.

수시에 지원했던 학생들은 면접 대상자를 선정하는 수시 1단계 합격자 발표를 눈앞에 두고 있습니다. 그리고 몇몇 대학에서 수능시험 전에 일정이 잡힌 면접 준비를 앞두고 고3 학급은 초조함으로 술렁이고 있습니다. 그런 술렁거림 속에서 얼마 남지 않은 수능시험을 준비하는 학생들은 마음을 집중하기 어렵습니다. 여러 갈래 길을 통해 대학을 진학하는 학생들로 인해 어수선한 교실에서 교사들도 초조하게 대학 진학 마무리 과정을 지도하고 있습니다.

하나님 아버지, 수험생들에게 주의 은총을 내려 주옵소서. "주 우리 하나님의 은총을 우리에게 내리게 하사 우리의 손이 행한 일을 우리에게 견고하게 하소서 우리의 손이 행한 일을 견고하게 하소서"(시편 90:17).

아버지의 은총을 간구합니다. 학생들이 각자 다른 길을 통해 진학하지만 자신들이 선택한 과정에 집중하게 하옵소서. 그동안 기도하며 선택하고 노력한 일들이 견고하여 흔들리지 않도록 이들의 손을 붙잡아 주시옵소서.

단 하루라도 기도를 소홀히 한다면, 나는 믿음의 많은 부분을 잃어버릴 것이다.
기도는 내 삶에서 가장 중요한 것이다.
마틴 루터

평화

내게 강 같은 평화 내게 강 같은 평화
내게 강 같은 평화 넘치네
내게 강 같은 평화 내게 강 같은 평화
내게 강 같은 평화 넘치네

"지존자의 은밀한 곳에 거주하며 전능자의 그늘 아래에 사는
자여, 나는 여호와를 향하여 말하기를 그는 나의 피난처요
나의 요새요 내가 의뢰하는 하나님이니라 하리니."
- 시편 91:1

　　나의 피난처, 나의 요새, 내가 의뢰하는 하나님, 오늘도 함께하여
주셔서 강 같은 평화가 넘치게 하옵소서. 어떤 화도 미치지 못하고 재
앙이 우리 가정에 가까이 오지 못하게 하옵소서. 수시 1단계 합격 소
식을 기다리며 기도하는 주님의 백성에게 오늘도 강 같은 평화를 내
려 주옵소서.

　　하나님 아버지의 그늘 아래 거하는 어린 백성을 기억하여 주옵소
서. 주님의 깃으로 덮으소서. 불안과 걱정을 떨쳐 버리고 추워지는 날
씨 속에서도 주님의 깃으로 덮으사 주님의 사랑 안에서 따스함을 느

끼게 하옵소서.

"하나님이 이르시되 그가 나를 사랑한즉 내가 그를 건지리라 그가 내 이름을 안즉 내가 그를 높이리라 그가 내게 간구하리니 내가 그에게 응답하리라 그들이 환난당할 때에 내가 그와 함께하여 그를 건지고 영화롭게 하리라"(시편 91:14~15) 하신 아버지의 말씀을 붙듭니다.

주님의 어린 백성이 아버지를 사랑하며 아버지의 이름을 경외하며 간구하는 기도를 들어 주시옵소서. 마치 환난을 당하는 것과 같은 이 기간 동안 그들과 함께하셔서 고난 중에 빠지지 않게 하시고, 영화롭게 하여 주옵소서. 주님 안에 거하여 평강을 얻게 하시고, 오늘도 어떤 화를 당하지 않게 하시며 재앙이 가까이 오지 못하게 하옵소서.

그대, 언젠가는 꽃을 피울 것이다. 다소 늦더라도,
그대의 계절이 오면 여느 꽃 못지않은 화려한 기개를 뽐내게 될 것이다.
그러므로 고개를 들라. 그대의 계절을 준비하라, 너라는 꽃이 피는 계절을!

김난도

시험기간 중 예배

"주여 주께서 지으신 모든 민족이 와서
주의 앞에 경배하며 주의 이름에 영광을 돌리리이다."

- 시편 86:9

　　하나님 아버지, 청명한 아침입니다. 며칠째 구름 한 점 없는 맑은
날이 계속되고 있습니다. 길가에 핀 코스모스가 바람에 한들한들 살
랑거리고 있고, 잠자리들이 여기저기 부지런히 날아다닙니다.

　　오늘은 수험생들도 눈앞에 펼쳐진 아름다움이 주는 기쁨을 누리며
찬양할 수 있는 여유를 갖게 하옵소서. 대한민국 수험생은 고3뿐 아
니라 중3도 있습니다. 중3 수험생들에게도 믿음을 주셔서 먼저 하나
님 앞에 예배드림의 소중함을 깨닫게 하옵소서. 중3 수험생들은 중간
고사 시험을 앞두고 있습니다. 고3 학생들은 수시 지원을 마무리하고
논술과 면접, 수능 준비를 하고 있습니다. 많은 고등학교에서도 곧 중
간고사를 실시하기 때문에 고3 학생들의 마음이 복잡합니다.

　　"주여 주께서 지으신 모든 민족이 와서 주의 앞에 경배하며 주의
이름에 영광을 돌리리이다"(시편 86:9)라고 고백한 다윗의 기도처럼 어
떤 상황에 처해 있어도 주님 앞에 나아와 경배하며 영광을 돌리게 하
옵소서. 친구들이 "너의 하나님이 어디 있느냐?"라고 삐죽거릴 수도

있습니다.

하나님 아버지, 은총의 표적을 보여 주시옵소서. 하나님 아버지는 우리를 돕고 위로하여 주시는 분입니다. 시험 때라 할지라도 주님 앞에 나아와 온 가족이 주님께 마음을 다하고 목숨을 다하고 뜻을 다하여 예배드리게 하옵소서.

믿음의 어머니들이 불신앙의 시대에 자녀들을 믿음으로 기를 수 있도록 굳센 믿음을 주시옵소서. 중간고사를 앞두고 있는 수험생들에게 다니엘과 세 친구 같은 믿음을 주셔서 주님이 주시는 생명의 양식을 사모하게 하옵소서.

복잡한 생각 속에 있는 수험생들이 아버지 하나님 앞에 나와 경배하며 영광 돌림으로써 새 힘을 얻는 체험을 하고, 주일을 사모할 수 있는 믿음을 주시옵소서.

안식일은 생명을 위해 있는 날이다.
그래서 안식일은 삶의 막간이 아니라 삶의 절정이다.
아브라함 죠수아 헤셀

날 마 다 찾 아 가 는 수 험 생 을 위 한 1 0 0 일 기 도 문

3장

수시 1단계 합격자
발표, 면접

유익한 말

"모든 성경은 하나님의 감동으로 된 것으로 교훈과 책망과
바르게 함과 의로 교육하기에 유익하니."

– 디모데후서 3:16

하나님 아버지, 새날이 밝았습니다. "아침마다 주의 인자하심을 알
리며 밤마다 주의 성실하심을 베풂이 좋으니이다"(시편 92:2~3). 주님
의 인자하심으로 아침을 맞게 하시고, 오늘 하루 종일 주의 성실하심
으로 우리 삶에 베풀어 주실 은혜에 감사합니다.

"하나님의 말씀은 살아 있고 활력이 있어 좌우에 날선 어떤 검보다
도 예리하여 혼과 영과 및 관절과 골수를 찔러 쪼개기까지 하며 또 마
음의 생각과 뜻을 판단하나니"(히브리서 4:12)

이 시간 지혜와 계시의 영을 내려 주셔서 마음의 눈을 밝혀 주소
서. 그래서 우리로 하여금 인생을 향한 부르심을 알게 하시고 놀라우
신 하나님의 선물들을 보게 해 주시기를 원합니다. 오늘 하루도 살았
고, 운동력 있는 말씀이 이끌어가는 복된 날이 되게 하소서. 말씀을
듣고 따를 때 점점 더 하나님과 동행하게 됨을 감사합니다.

"여호와여 주께서 행하신 일로 나를 기쁘게 하셨으니 주의 손이 행
하신 일로 말미암아 내가 높이 외치리이다"(시편 92:4).

역사의 주관자이시고 전능과 지혜의 하나님 아버지께서 허락하시며 지혜를 주시지 않으시면 무엇 하나 가능한 일이 없음을 고백합니다. 우리가 당연한 것으로 알고 누리고 있는 사실들이 돌이켜보면 우리를 사랑하시는 하나님의 은혜임을 깨닫게 하옵소서.

"모든 성경은 하나님의 감동으로 된 것으로 교훈과 책망과 바르게 함과 의로 교육하기에 유익하니"(디모데후서 3:16)라고 한 말씀을 붙듭니다. 오늘도 미래를 향해 준비하며 하루를 시작하는 학생들에게 성경말씀을 사모하는 마음을 주시고, 보혜사 성령님께서 교훈과 책망과 바르게 함과 의로 교육하여 주옵소서.

그리스도를 얻는 사람은 아무것도 잃지 않는다.
사무엘 루터포드

가을의 여유

"우리는 구원 받는 자들에게나 망하는 자들에게나 하나님
앞에서 그리스도의 향기니."

- 고린도후서 2:15

하나님 아버지, 가을의 한복판에 있습니다. 아름다운 가을을 노래
와 시로 표현한 작품들이 있습니다. 이 아침에 하나님과 깊은 삶을 나
누는 이해인 수녀님의 '10월의 기도'를 묵상합니다.

10월의 기도

언제나 향기로운 사람으로 살게 하소서.
좋은 말과 행동으로 본보기가 되는
사람 냄새가 나는 향기를 지니게 하소서.
타인에게 마음의 짐이 되는 말로
상처를 주지 않게하소서.
상처를 받았다기보다 상처를 주지는 않았나
먼저 생각하게 하소서.

늘 변함없는 사람으로 살게 하소서.

살아가며 고통이 따르지만

변함없는 마음으로 한결같은 사람으로

믿음을 줄 수 있는 사람으로 살아가게 하소서.

나보다 남을 먼저 생각하게 하시고

마음에 욕심을 품으며 살게 하지 마시고

비워두는 마음 문을 활짝 열게 하시고

남의 말을 끝까지 경청하게 하소서.

무슨 일이든 감사하는 마음으로 살게 하소서.

아픔이 따르는 삶이라도 그 안에 좋은 것만 생각하게 하시고

건강 주시어 나보다 남을 돌볼 수 있는 능력을 주소서.

10월에는 많은 사람을 사랑하며 살아가게 하소서.

더욱 넓은 마음으로 서로 도와가며 살게 하시고

조금 넉넉한 인심으로 주위를 돌아볼 수 있는

여유 있는 마음 주소서.

지금 수험생들에게 가장 부족한 단어는 '여유'입니다. 비록 수능이 다가오고 있지만, 사람의 향기를 지니고 남의 말을 끝까지 경청하며 주위를 돌아볼 수 있는 여유로운 마음을 주옵소서.

2학기 중간고사

"온 땅이여 여호와께 즐거이 소리칠지어다 소리 내어
즐겁게 노래하며 찬송할지어다 바다와 거기 충만한
것과 세계와 그중에 거주하는 자는 다 외칠지어다
여호와 앞에서 큰물은 박수할지어다 산악이 함께 즐겁게
노래할지어다 그가 땅을 심판하러 임하실 것임이로다
그가 의로 세계를 판단하시며 공평으로 그의 백성을
심판하시리로다."

- 시편 98:4, 7~9

의와 공평을 베푸시는 하나님 아버지, 불의와 불공평이 있는 세상
에서 의로우신 재판장 되신 하나님 아버지가 모든 것을 공의로 판단
하실 것을 믿습니다. 수험생들이 수능의 큰 시험을 앞두고 있지만 이
번 주 3학년 2학기의 일정에 따라 중간고사를 치르는 고등학교들이
있습니다. 수능이 40여 일도 남지 않았는데 중간고사를 치러야 하는
부담이 있습니다.

수시 지원을 한 학생들은 이미 학교생활기록부에 1학기 성적이 모
두 반영되어 제출되어 있으므로 2학기 중간고사는 의미가 없을 수 있
습니다. 특히 수시 1단계를 통과한 학생들은 면접 준비로 마음이 꽉

차 있어 중간고사를 치를 여유가 없습니다. 인자와 성실로 새날을 주시고 의와 공평으로 세상을 다스리시는 하나님 아버지, 수험생들이 성실하게 2학기 중간고사를 치르게 하옵소서. 작은 참새도 돌보시고, 먹고 남은 떡덩이도 버리지 않으시고 돌보시는 아버지의 성실함을 배우게 하옵소서. 수시와 상관없이 치러지는 2학기 중간고사가 버려지는 시험이 되지 않게 하시고, 성실히 시험을 치르게 하옵소서.

하나님 아버지, 교사들에게 학생들을 향한 긍휼의 마음을 주셔서 학생들의 마음을 이해하고 그들을 성실히 지도하게 하옵소서. 학생들이 헛된 공부와 시험을 치르지 않도록 실력을 공평하게 평가할 문제들을 선정하게 하옵소서. "모든 지킬만한 것 중에 더욱 네 마음을 지키라 생명의 근원이 이에서 남이니라"(잠언 4:23)고 하신 말씀을 붙잡습니다.

어린 학생들이 불평과 불만하지 않고 '심은 대로 거둔다'는 공평하신 아버지 하나님의 말씀을 의지해 오늘도 최선을 다하여 하루를 보낼 수 있도록 이들의 마음을 붙들어 주옵소서. 시험을 치르는 중에도 하나님 아버지를 즐거이 찬송하는 마음을 주옵소서. 수험생들이 심은 대로 거두는 공평의 삶을 경험하게 하옵소서.

믿음은 역으로 생각해야만 이해될 수 있는 것을 믿는 것이다.
필립 얀시

자유

"그의 발은 차꼬를 차고 그의 몸은 쇠사슬에 매였으니
곧 여호와의 말씀이 응할 때까지라 그의 말씀이 그를
단련하였도다 왕이 사람을 보내어 그를 석방함이여 뭇
백성의 통치자가 그를 자유롭게 하였도다 그를 그의 집의
주관자로 삼아 그의 모든 소유를 관리하게 하고 그의
뜻대로 모든 신하를 다스리며 그의 지혜로 장로들을
교훈하게 하였도다."

– 시편 105:18~22

　　하나님 아버지, 이 아침에 요셉의 삶을 묵상하게 하시니 감사합니다. 하나님께서는 이스라엘 민족을 살리시고 자신의 백성으로 삼기 위해 한 사람 요셉을 먼저 이집트로 보내셨습니다. 그곳에서 요셉은 옥에 갇혀 발은 차꼬에 차이고 몸은 쇠사슬에 매였습니다. 그러나 그의 영혼은 아버지 하나님께서 함께하셔서 하나님의 말씀으로 훈련받은 요셉은 하나님의 뜻을 알게 되었습니다. 마침내 왕이 요셉을 석방하여 자유를 주고 그의 집의 주관자로 삼았습니다. 요셉의 지혜로 그의 모든 소유를 관리하고 신하들을 다스리게 하였습니다.

　　하나님 아버지, 수험생들이 학교 안에, 독서실 안에 갇혀 공부에 매여 있습니다. 학교 공부와 수능 준비로 매여 있는 이 학생들을 주님의 말씀으로 훈련시켜 주옵소서. 세상의 공부와 더불어 주님의 말씀에 귀 기울여 주님의 음성을 듣고 주님의 말씀으로 교훈을 받는 요셉과 같은 지도자로 자라게 하옵소서.

"진리가 너희를 자유케 하리라"는 말씀을 깨닫게 하옵소서. 이 나라와 이 민족, 세계 열방 속에서 인생의 묶임 속에 있는 백성을 돌보고 지혜로 교훈하며 주님께로 인도하는 귀한 지도자들로 자라게 하옵소서. 이들의 묶임과 고생이 헛되지 않게 하시고 연단의 시기를 지나 거룩한 주님의 일꾼들이 되게 하옵소서. 오늘도 수험생들이 고단한 삶 속에서 예수님 안의 자유를 맛보며 주님께 감사하며 주님의 말씀을 깨닫는 복된 하루가 되기를 간구합니다.

기도는 하나님께 마음을 열어,
우리의 텅 빈 영혼을 하나님으로 채우는 도구다.
존 번연

우리의 기업이신 하나님

나의 영원하신 기업 생명보다 귀하다

나의 갈길 다가도록 나와 동행하소서

주께로 가까이 주께로 가오니

나의 갈길 다가도록 나와 동행하소서

- 찬송가 435장

"여호와께서는 자기 백성을 버리지 아니하시며 자기의

소유를 외면하지 아니하시리로다."

- 시편 94:14

　　나의 영원한 기업되시는 하나님 아버지, 오늘도 주님의 인자하심
으로 근심 중에 있는 학생들의 마음을 위로하시고 수험생들이 아버지
께로 가까이 가게 하옵소서. 수시 지원 1단계 합격자들의 발표가 시
작되었습니다. 합격 후에 면접을 보는 학생들도 있고 실기 시험을 치
르는 학생들도 있습니다.

　　1단계에 합격하게 하신 하나님 아버지 감사합니다. 아브라함의 하
나님, 야곱의 하나님, 이삭의 하나님, 예수 그리스도의 보혈로 값 주
고 사신 당신의 어린 백성의 이름을 기억하시고 그들의 기도를 외면

하지 마옵소서.

주님의 백성이 당황하지 않고 다음 단계를 잘 치를 수 있도록 평강을 주시옵소서. 하나님을 기업으로 삼고 아버지께 가까이 하여 마음을 내려놓고 간구하는 어린 백성을 강건케 하시고 지혜로 채워 주시옵소서.

아버지 하나님, 지원한 대학의 1단계 합격이 되지 않아 실망하고 근심하는 수험생들을 붙들어 주옵소서. 어떠한 상황에서도 그들의 영혼이 방황하지 않게 하시고, 더 좋은 길이 있다는 희망을 놓지 않게 하옵소서. 어수선한 출렁임 속에서 오늘도 수능 준비에 집중해야 하는 수험생들을 붙들어 주시옵소서. 인내하며 준비하는 이들에게 집중력과 지혜를 주시고, 건강을 주옵소서.

기도는 위대한 사역을 위한 준비가 아니라
기도 자체가 '이미 더 위대한 사역'이다.
오스왈드 챔버스

기쁨의 열매

"울며 씨를 뿌리러 나가는 자는 반드시 기쁨으로 그 곡식
단을 가지고 돌아오리로다."

– 시편 126:6

　　하나님 아버지, 새날이 밝았습니다. 얼마 전 아름다운 가을 날 오
후에 교사들과 산행을 갔습니다. 10월에 계획된 학교의 많은 행사를
치르느라 수고했던 교사들을 위로하고 11월의 차가운 계절이 오기
전에 교사들과 송추계곡으로 가을 산행을 다녀왔습니다.

　　하나님 아버지, 누군가는 하나님의 백성의 앞길을 위해 사명감으
로 힘을 다해 교육해야 합니다. 저희들을 교사로 부르시고 학생들을
지도하도록 은혜를 주신 하나님 아버지, 감사합니다. 학생들과 더불
어 눈물을 흘리며 씨를 뿌린 교사들의 수고를 기억하여 주시고, 뿌린
씨앗이 알곡이 되어 기쁨으로 그 곡식 단을 추수할 수 있기를 간구합
니다.

　　수능을 앞두고 학생들과 함께 팽팽한 긴장 속에 살고 있는 3학년
담임들에게 가을 산행은 생각할 수도 없습니다. 하지만 쌓였던 피로
를 조금이라도 풀 수 있도록 입시를 지도하는 교사들에게 마음의 여
유를 주시옵소서. 선생님들이 건강해야 학생들을 안정되게 지도할

수 있습니다.

　몇몇 대학교에서는 면접시험이 예정되어 있습니다. 학부모들과 학생들이 면접시험 장소에 일찍 도착해서 여유 있게 마음의 준비를 해야 합니다. 도로가 막히지 않게 하시고, 면접시험 대상자들이 평안한 마음으로 대답할 수 있도록 하나님께서 평강으로 함께하여 주시옵소서. 성령께서 지혜를 주셔서 평안한 중에 깊은 지혜로 침착하게 대답하게 하옵소서.

　가을의 들녘이 알곡을 거둬들여 빈 들이 되어 갑니다. 지금까지 고생하며 입시를 향해 달려왔던 학생들과 기도하며 뒷바라지하는 부모님, 사랑과 수고로 함께했던 교사들의 간절한 기도를 하나님이 받으시고 기쁨의 열매를 맺게 하옵소서.

두려움에 맞서는 것은 성장을 위해서 치러야 할 대가이다.
존 오트버그

경배

구주 예수 의지함이 심히 기쁜 일일세

허락하심 받았으니 의심 아주 없도다

예수 예수 믿는 것은 받은 증거 많도다

예수 예수 귀한 예수 믿음 더욱 주소서

- 찬송가 542장

"오라 우리가 굽혀 경배하며 우리를 지으신 여호와 앞에

무릎을 꿇자 그는 우리의 하나님이시요 우리는 그가

기르시는 백성이며 그의 손이 돌보시는 양이기 때문이라."

- 시편 95:6~7

우리를 지으시고 우리를 기르시는 하나님 아버지, 아버지 앞에 무릎을 꿇고 감사를 드립니다. 우리 수험생들이 무릎을 꿇고 하나님 아버지를 경배하게 하옵소서. 어떤 상황에서도 예배하게 하옵소서. 그동안 베풀어 주셨던 아버지 하나님의 놀라운 은혜들과 많은 증거들을 기억하게 하옵소서. 이들에게 더욱 더 큰 믿음을 주시옵소서.

예수님께서는 "너희가 믿음이 있고 의심하지 아니하면 이 산더러 들려 바다에 던져지라 하여도 될 것이요"(마태복음 21:21)라고 말씀하셨습니다. 그러나 저희들은 의심 많은 도마와 같이 계속해서 주저하며 걱정하고 있습니다.

하나님 아버지, 모든 근심을 주님께 맡기고 우리의 심령을 새롭게 하옵소서. 무릎을 꿇고 기도하는 어린 양들의 기도를 들으시고 주님께서 기적을 베풀어 주옵소서.

마음이 미혹되어 하나님을 시험했던 이스라엘 자손들에게 노하시고 책망하신 하나님 아버지, 주님의 어린 양들에게 굳센 믿음을 주셔서 지난날의 많은 믿음의 증거들을 새롭게 기억하게 하옵소서. 주님을 의지합니다. 오늘도 시험을 이길 수 있는 힘을 주시고 강건하게 하사 복된 날이 되게 하옵소서.

거룩한 사람은 하나님의 손안에 있는 강력한 무기다.
로버트 머레이 맥체인

빛 된 삶

아침 해가 돋을 때 만물 신선하여라
나도 세상 지낼 때에 햇빛 되게 하소서
주여 나를 도우사 세월 허송 않고서
어둔 세상 지낼 때 햇빛 되게 하소서
- 찬송가 552장

하나님 아버지, 밝은 햇살 비취는 새날을 주셔서 감사합니다. 새로운 한 주간이 시작되었습니다. 시작과 끝이 되시고 알파와 오메가가 되신 하나님 아버지, 수험생들이 수능시험을 향해 하루하루 다가가고 있습니다.

수능시험과 대학 진학이 인생에서 끝이 아님을 알고 있습니다. 수능시험날이 가까울수록, 수시 1단계 합격자 발표가 다가올수록 수험생들의 두려움이 커집니다. 수험생들이 인생에서 아주 큰 산을 넘어야 하는 이 시점에 두려움을 먼저 극복하도록 주님의 말씀을 붙들게 하옵소서. "하나님이 우리에게 주신 것은 두려워하는 마음이 아니요 오직 능력과 사랑과 절제하는 마음이니"(디모데후서 1:7)라는 말씀을 믿습니다.

지금까지 매일 함께하신 하나님 아버지, 오늘 이 한 주간도 수험생들이 두려운 마음을 몰아내고 목표를 향해 절제하면서 주님이 주시는 능력으로 굳게 서게 하옵소서.

가을날의 밝은 햇살을 주신 하나님 아버지, "빛의 열매는 모든 착함과 의로움과 진실함에 있느니라"(에베소서 5:9)라는 성경말씀을 믿습니다. 수험생들이 두려움을 몰아내고 주님이 주신 능력으로 빛 속에 거하게 하옵소서. 누추함과 어리석은 말이나 희롱의 말을 절제하게 하시고 열매 없는 어두운 일에 참여하지 말게 하옵소서. 빛 가운데 거하여 수능시험의 끝에서 착함과 의로움과 진실함의 열매를 맺게 하옵소서. 그리하여 또다시 시작해야 할 인생의 무대에서 세월을 허송하지 않고, 우리 주 예수 그리스도의 이름으로 아버지 하나님께 감사하며 간증하게 하옵소서.

나타나 보이는 현실적인 문제도 중요하지만
문제의 올바른 해결을 위해서는 하나님의 의를 구해야 한다.
장기려

경외함

"여호와를 경외하는 것은 지혜의 훈계라 겸손은 존귀의 길잡이니라."

- 잠언 15:33

하나님 아버지, 새날을 주셔서 감사합니다. 전국의 고3 학생들이 수능시험을 치르기 전에 마지막으로 시행하는 학력평가를 위해 기도합니다. 수능이 한 달 앞으로 다가온 시점에 수험생들이 전국연합모의고사를 마지막으로 치르게 됩니다. "게으른 자의 길은 가시 울타리 같으나 정직한 자의 길은 대로니라"(잠언 15:19)는 성경말씀처럼 우리학생들이 좋은 결과를 갖기 위해 부지런히 달려왔습니다. 이제 정직의 길을 선택하게 하옵소서. 자신의 현재 실력을 정직하게 평가받게 하시고 남은 시간도 부지런하게 끝까지 최선을 다하게 하옵소서.

"여호와를 경외하는 것은 지혜의 훈계라 겸손은 존귀의 길잡이니라"(잠언 15:33)는 말씀을 믿습니다. 수험생들이 아버지 하나님을 경외하게 하옵소서. 시험이 가까울수록 자신의 지혜와 지식에 갇히기 쉽습니다. 오늘도 주님을 경외하며 주님 앞에서 온전히 살아가게 하옵소서. 약속의 말씀을 붙잡습니다. 어려운 문제를 만날 때 당황하지 말고 기도하게 하시고 예수 그리스도의 구속의 은혜를 생각하며 감사하게 하옵소서. 겸손히 한 문제 한 문제를 주님이 주시는 지혜로 풀어가게 하옵소서.

하나님 아버지, 수험생 자녀를 둔 부모님들에게도 주님의 평강을 내려 주옵소서. 자녀들로 인해 마음이 불안합니다. 두렵고 불안한 마음의 근심을 아버지 하나님께 맡기게 하옵소서. 자녀들을 위로하고 격려하며 자녀의 손을 잡고 기도하게 하옵소서. 자녀들이 어려울 때 부모님의 따스한 사랑을 느끼게 하시고 더 큰 하나님의 사랑을 깨닫게 하옵소서.

좋은 날씨 속에서 시험을 치르게 하시고, 건강과 집중력을 주서서 문제를 잘 파악하고 지혜롭게 문제들을 풀게 하옵소서.

시련과 고통은 믿음으로 주님께 순종하도록 가르친다.

빌 브라이트

계명

"네 부모를 공경하라 그리하면 네 하나님 여호와가 네게
준 땅에서 네 생명이 길리라."

- 출애굽기 20:12

하나님 아버지, 아침이 밝았지만 창밖으로 보이는 아침은 아직도
어둠을 걷어내지 못하고 있습니다. 그래도 자동차 소리는 아침을 깨
우며 도로 위를 가득 채우고 있습니다. 우리 생명과 행복이 하나님의
말씀을 대하는 태도에 달려 있음을 고백합니다. 하나님을 사랑한다
는 고백은 당신의 계명을 하나씩 하나씩 마음에 새기고 순종하는 것
임을 압니다. 주의 말씀은 내 발에 등이요 내 길에 빛이니이다. 하나
님의 말씀을 기억하며 주의 증거들로 영원한 나의 기업을 삼게 하소
서. 주님의 기쁨과 사랑, 평안이 흘러 넘치는 생명력 있는 삶이 되게
하소서.

사랑으로 서로 섬길 수 있는 가족을 허락해 주신 하나님. 자신을
위해 행복을 가두어 둘 때 사람은 교만해지고 타락하기 쉽습니다. 가
장 가까운 식구들에게조차 관심을 줄 수 없는 수험생들에게도 시간이
지나면 여유 있는 시간이 올 것입니다.

"내가 보니 모든 완전한 것이 다 끝이 있어도 주의 계명들은 심히 넓으니이다 내가 주의 법을 어찌 그리 사랑하는지요 내가 그것을 종일 작은 소리로 읊조리나이다 주의 계명들이 항상 나와 함께하므로 그것들이 나를 원수보다 지혜롭게 하나이다"(시편 119:96-98).

하나님 아버지, 이 세상에서도 하나님의 백성이 사랑과 공의 속에 살아가도록 아버지의 법과 계명들을 주셔서 감사합니다. "네 부모를 공경하라 그리하면 너의 하나님 나 여호와가 네게 준 땅에서 네 생명이 길리라"(출애굽기 20:12)고 하신 약속 있는 첫 계명을 기억합니다. 오늘도 수험생들이 부모를 공경하라는 계명을 기억하고, 어려운 시험 준비 기간 동안에 함께해 주시는 부모님의 사랑과 헌신에 감사하게 하옵소서.

그리스도인들에게 예수님과의 연합은 일상의 일이면서,
동시에 인생의 의무이다.
토마스 머튼

진실

"자기의 이웃을 은근히 헐뜯는 자를 내가 멸할 것이요
눈이 높고 마음이 교만한 자를 내가 용납하지 아니하리로다
내 눈이 이 땅의 충성된 자를 살펴 나와 함께 살게 하리니
완전한 길에 행하는 자가 나를 따르리로다
거짓을 행하는 자는 내 집 안에 거주하지 못하며
거짓말하는 자는 내 목전에 서지 못하리로다."

- 시편 101:5, 7

하나님 아버지, 새 아침이 밝아오고 있습니다. 오늘도 수험생들이
건강하게 일어나 감사함으로 새날을 시작하게 하옵소서. 여러 대학
에서 1단계 합격자들을 발표합니다. 대학마다 일정이 다르지만 1단
계 합격자들을 발표한 대학들은 합격자들에게 면접시험을 치르게 합
니다. 이번 주 토요일, 다음 주 토요일, 수능 전까지 그리고 수능 후에
도 1단계를 통과한 학생들이 면접시험을 치릅니다. 교실은 합격자와
불합격자로 인해 희비가 엇갈립니다.

하나님 아버지, 학생들의 마음을 붙들어 주옵소서. 죄악에 치우치
지 않도록 흔들리는 마음을 붙들어 주옵소서. 학생들이 서로를 시기
하지 않게 하시고 헐뜯지 않게 하옵소서. 하나님 아버지는 눈이 높고

마음이 교만한 자를 물리치신다고 하셨으니 겸손한 마음으로 마음을 낮추고 서로를 돌아보아 격려하며 위로하게 하옵소서. 거짓 없이 진실함으로 면접시험을 잘 치르게 하옵소서.

하나님 아버지, 아버지의 백성이 충성된 자로 성장하기를 기도합니다. 어떤 상황에서도 선을 행하며 진실한 사람들이 되어 하나님이 기뻐하시는 충성된 자들로 성장하게 하옵소서.

수시 지원의 1단계 합격자 발표와 면접 일정 속에 수능시험이 다가옵니다. 수능을 준비하는 학생들을 붙들어 주옵소서. 불안함과 불평의 쓴 뿌리를 제하여 주시고, 믿음 안에 굳게 서서 끝까지 최선을 다해 달려가게 하옵소서. 건강과 지혜를 주시며 집중력을 허락하옵소서.

하나님의 나라는 역설적이다. 실패를 통해 승리를 얻게 되고,
깨어짐으로 나음을 얻게 되며, 나를 잃어버림으로 나를 찾게 된다.
찰스 콜슨

부르짖어 기도하라

"일을 행하시는 여호와, 그것을 만들며 성취하시는

여호와, 그의 이름을 여호와라 하는 이가 이와 같이

이르시도다 너는 내게 부르짖으라 내가 네게 응답하겠고

네가 알지 못하는 크고 은밀한 일을 네게 보이리라."

- 예레미야 33:2~3

우리에게 새날을 주시고 크고 은밀한 일을 알리시기를 원하시는 하나님 아버지, 이 아침에 아버지의 말씀을 묵상합니다. 지금까지 수험생들을 지켜 주시고 건강과 지혜를 주셔서 감사합니다. 이제 얼마 남지 않은 기간들이 이들에게는 고통의 기간입니다. 친구들이 수시 1단계 합격을 해도 마음껏 축하해 주기보다는 자신의 일로 인해 마음이 무겁습니다. 기다렸던 대학에서 1단계 합격이 되지 않았을 때의 고통은 더 큽니다. 어떤 학생들은 집중하여 수능을 준비해야 하지만 생각처럼 쉽지 않습니다. 틀렸던 문제들을 아직까지 완전히 해결하지 못한 상태에서 초조함이 더합니다.

하나님 아버지, 시간이 흘러가고 이 모든 것도 지나갈 것입니다. 그러나 이 기간 동안 수험생들이 아버지 하나님과 더 가까이 지낼 수 있게 하시고 전능하신 하나님께 부르짖으며 매달리는 기도의 시간이 되게 하옵소서.

부모님의 기도로, 형제들의 기도로, 친지들의 기도로, 이웃의 기도로 여기까지 온 주님의 백성이 광야의 한 복판에서 생수를 기다립니다. 마음이 타들어 가는 갈증을 해결해 줄 생수가 넘쳐나는 기적을 맛보게 하옵소서. 광풍 속에 휘말린 배가 위험 속에 흔들거릴 때 성난 파도를 잠잠케 하시는 아버지 하나님의 능력을 체험하게 하옵소서.

오늘 하루, 아버지 하나님의 이름을 부르며 부르짖음으로 크고 은밀한 일을 행하시는 하나님을 만날 수 있게 하옵소서. 흔들리지 않는 믿음의 반석 위에 우뚝 서 감사와 감격이 있는 하루, 은혜의 하루를 보내며 남은 기간을 힘 있게 전진할 수 있는 힘을 얻게 하옵소서.

우리가 원하든 원하지 않든, 간구하는 것은 하나님 나라의 법칙이다.
찰스 스펄전

긍휼하심

"내 영혼아 여호와를 송축하라 내 속에 있는 것들아
다 그의 거룩한 이름을 송축하라 내 영혼아 여호와를
송축하며 그의 모든 은택을 잊지 말지어다."
- 시편 103:1~2

하나님 아버지, 이 아침에 아버지 하나님의 이름을 마음을 다하여 높여 드립니다. 주님이 내리신 모든 은혜를 기억하며 거룩하신 아버지 하나님을 찬양합니다.

수시 1단계 통과한 학생들이 면접시험을 치릅니다. 대학교에 따라 면접 일정이 다르지만 먼저 합격자 발표를 한 대학은 곧 면접시험을 진행합니다. 하나님 아버지, 면접시험을 치를 학생들의 마음이 조마조마합니다. 합격자 발표 때의 그 기쁨은 어느새 사라지고, 면접을 앞에 두고 마음이 초조합니다.

하나님 아버지, 우리의 연약함을 불쌍히 여겨 주옵소서. 수험생들이 눈앞에 있는 문제로 인해 마음이 눌리지 않게 하시고 하나님 아버지의 은혜를 기억하며 찬송하게 하옵소서. 감사로 마음을 채우게 하옵소서. 연약한 수험생들이 주님의 은혜를 기억하고 찬송함으로 새 힘을 얻으며 믿음으로 마음을 지키게 하옵소서.

하나님 아버지, 1단계 합격을 초조하게 기다리는 학생들이 있습니다. 이들의 간구를 들으시고 좋은 것으로 소원을 만족하게 하옵소서.

"아버지가 자식을 긍휼히 여김같이 여호와께서는 자기를 경외하는 자를 긍휼히 여기시나니 이는 그가 우리의 체질을 아시며 우리가 단지 먼지뿐임을 기억하심이로다"(시편 103:13).

오늘도 수능 준비에 힘쓰는 수험생들을 주의 긍휼하심으로 함께하여 주옵소서. "여호와의 인자하심은 자기를 경외하는 자에게 영원부터 영원까지 이르며 그의 의는 자손의 자손에게 이르리니"(시편 103:17)라는 말씀을 단단히 붙잡고 주님을 경외하며 주님의 긍휼하심을 의지하게 하옵소서.

모든 것엔 금이 가 있다. 빛은 거기로 들어온다.
앤 라모트

새벽이슬 같은 주의 청년들

"여호와께서 백성을 사랑하시나니 모든 성도가 그의 수중에 있으며 주의 발 아래에 앉아서 주의 말씀을 받는도다."

- 신명기 33:3

"주의 권능의 날에 주의 백성이 거룩한 옷을 입고 즐거이 헌신하니 새벽이슬 같은 주의 청년들이 주께 나오는도다."

- 시편 110:3

"여호와를 경외함이 지혜의 근본이라 그의 계명을 지키는 자는 다 훌륭한 지각을 가진 자이니 여호와를 찬양함이 영원히 계속되리로다."

- 시편 111:10

하나님 아버지, 오늘도 주님께 나아갑니다. 주를 찾는 자를 버리지 아니하시며, 모든 좋은 것에 부족함이 없도록 채워주시는 하나님을 찬양합니다. 우리의 형편을 살피시며 기도를 들어주시는 아버지를 찬양합니다. 주님의 백성이 주님의 발아래 앉아 주의 말씀을 받는 그림을 마음에 그려보니 기쁨이 가득 찹니다. 주님의 날에 주의 백성이 거룩한 옷을 입고 즐거이 헌신하게 하시며, 새벽이슬 같은 주의 청년들이 하나님께 나아오게 하옵소서.

일주일 내내 수험생들이 학교와 학원에서 경쟁하며 불안하게 생활했습니다. 주님의 권능으로 정결한 옷을 입히시고 주님께 나아와 위로부터 내려오는 하나님 아버지의 은혜를 덧입게 하옵소서.

새벽이슬이 온 세상에 촉촉이 내려 온 세상의 생물들에게 생명과 새 힘을 불어넣듯이 우리의 청년들은 부모들의 생명이며 다음 세대를 이끌 힘의 동력입니다.

하나님 아버지, 앞으로 얼마 남지 않은 수능시험을 앞에 둔 주님의 백성이 오늘 아버지 앞에 나아옵니다. 새벽이슬 같은 신선한 지혜로 채워 주시고 여호와를 찬양함으로 새 힘을 얻게 하옵소서. "여호와를 경외함이 지혜의 근본이라"고 하신 말씀을 붙들게 하옵소서.

하나님은 우리의 안락함보다 우리의 성품에 더 관심이 있으시다.
그분의 목표는 우리를 육체적으로 애지중지하는 것이 아니라,
우리를 영적으로 온전하게 하는 것이다.
폴 파웰

여호와의 인자하심

우리에게 향하신 여호와의 인자하심이
크고 크도다 크시도다
크고 크도다 크시도다
우리에게 향하신 여호와의 진실하심이
크고 크도다 크시도다
크고 크도다 크시도다

하나님 아버지, 새날이 밝았습니다. 새로운 주간이 시작됩니다. 크고 크신 여호와 하나님의 인자하심과 진실하심이 오늘도 무릎 꿇어 기도하는 당신의 백성, 수험생들과 함께하여 주옵소서. 수험생들 곁에서 함께 고통의 짐을 지는 사랑하는 부모님과 가족들에게도 아버지 하나님의 인자하심과 진실하심이 함께하시기를 기도합니다.

"여호와의 말씀이니라 너희를 향한 나의 생각을 내가 아나니 평안이요 재앙이 아니니라 너희에게 미래와 희망을 주는 것이니라 너희가 내게 부르짖으며 내게 와서 기도하면 내가 너희들의 기도를 들을 것이요 너희가 온 마음으로 나를 구하면 나를 찾을 것이요 나를 만나리라"(예레미야 29:11~13).

하나님 아버지의 생각을 저희에게 말씀으로 알려주시니 감사합니다. 아버지께서 분명히 우리를 향하신 아버지의 생각은 평안이고 재앙이 아니며 우리 미래와 희망을 주는 것이라고 말씀하셨습니다. 수험생들이 미래를 준비하고 있습니다. 그러나 지혜가 부족하고 연약하여 미래를 확신하지 못하고 두려워합니다. 하나님 아버지, 수험생들이 불안하고 두려워할 때마다 아버지 하나님 앞에 나아가 온 마음을 다해 아버지를 찾고 아버지를 만나는 복된 날이 되게 하옵소서.

온 천하 만물을 만드시고 그것들을 기르시고 우리들에게 주신 아버지 하나님, 한 분밖에 없는 아들 예수 그리스도까지 주신 아버지 하나님 감사합니다. 성령님을 통해 저희들을 돕게 하시고 지혜를 주시는 아버지 하나님, 수험생들이 하나님께 부르짖어 아버지를 만나게 하시고, 미래에 대한 희망으로 넘치게 하옵소서. 아버지 하나님의 인자하심과 진실하심을 의지하여 간절히 간구하게 하옵소서.

하나님은 그의 자녀들이 주님을 존중함으로 행동할 때,
기쁨을 참지 못하신다.
빌 하이벨스

말씀 안에 거함

"주의 말씀의 맛이 내게 어찌 그리 단지요 내 입에 꿀보다
더 다니이다 주의 법도들로 말미암아 내가 명철하게
되었으므로 모든 거짓 행위를 미워하나이다 주의 말씀은
내 발에 등이요 내 길에 빛이니이다."

- 시편 119:103~105

하나님 아버지, 새날이 밝았습니다. 오늘도 "말씀 안에 거하고 빛
가운데 행하라"는 은혜의 말씀을 주시니 감사합니다. 수험생들이 오
랫동안 시험 준비를 해오느라 그들의 삶이 매우 건조하며, 문제 안에
갇혀 있습니다.

아버지 하나님의 말씀이 꿀처럼 달고 그 말씀이 어둠 속을 비추어
갈 길을 인도하는 등불과 같습니다. 하지만 수능을 앞둔 학생들이 주
님의 말씀을 집중할 마음의 여유가 없습니다.

우리의 연약함을 아시고 긍휼을 베풀어 주시는 하나님 아버지, 주
님의 인자하심과 진실하심이 없으시면 하루도 평안히 지낼 수 없습니
다. 그러나 우리가 공기와 물의 고마움을 모르듯이 아버지 하나님의
은혜와 인자하심이 너무나 커서 그 은혜를 잊고 살아갈 때가 많습니
다. 수험생들이 시험 준비를 하느라 메마르고 건조한 생활을 하는 중

에도 달고 오묘한 주님의 말씀을 찾게 하시고 집중할 수 있게 하시며 그 말씀의 능력을 체험하게 하옵소서.

"내가 주의 증거들을 늘 읊조리므로 나의 명철함이 나의 모든 스승보다 나으며 주의 법도들을 지키므로 나의 명철함이 노인보다 나으니이다"(시편 119:99~100).

하나님 아버지, 수험생들에게 지혜와 명철함이 필요합니다. 지금까지 아버지께서 함께하셨던 증거들을 기억하게 하시고 그것을 잊지 않게 하옵소서. 이 모든 말씀과 증거들이 주의 법을 지킬 수 있는 굳센 믿음이 되게 하시며, 스승을 뛰어넘고 노인의 명철함을 뛰어넘는 지혜가 되게 하옵소서.

우리가 열정적으로 기대하며 그분의 말씀을 듣고 떨 때,
하나님은 우리를 위해 선한 일을 행하시려고
그분의 시선을 우리에게 더욱 고정하신다.
밥 소르기

감사 찬송

"하나님이여 내 마음을 정하였사오니
내가 노래하며 나의 마음을 다하여 찬양하리로다
비파야 수금아 깰지어다 내가 새벽을 깨우리로다
여호와여 내가 만민 중에서 주께 감사하고
뭇 나라 중에서 주를 찬양하오리니
주의 인자하심이 하늘보다 높으시며
주의 진실은 궁창에까지 이르나이다."

- 시편 108:1~4

하나님 아버지, 감사합니다. 새벽을 깨우며 비파와 수금으로 노래
했던 다윗을 기억합니다. 이 새벽에 다윗처럼 주님께 감사하고 찬양
하며 주의 인자하심과 주의 진실하심을 기억하게 하옵소서. 온 들판
에 출렁이던 벼들이 거두어져 곳간에 들여지고 있습니다. 황금빛으
로 가을 들녘을 아름답게 채우던 낟알들이 곡식이 되어 창고로, 시장
으로 나가고 있습니다.

지금은 수험생들이 수고하며 고생하고 있지만, 조금씩 추수 때를
향해 가며 기쁨의 소식들이 들려옵니다. 수시 지원 1단계에 합격한
학생들이 감사함으로 새벽을 깨우고, 주님의 인자하심과 진실하심을

아버지 하나님께 소리 높여 찬송하게 하옵소서. 면접을 준비하면서 찌그러진 마음들을 다시 추스르고 찬양하게 하옵소서. 주님께서 지혜와 건강으로 함께해 주신 지난날들이 기억나게 하시고, 남은 과정들을 믿음으로 준비하게 하옵소서. 사과 속에 씨앗들은 셀 수 있지만, 씨앗 속에 사과들은 셀 수 없습니다. 찬송하는 당신의 자녀들 속에 있는 생명의 씨앗들이 얼마나 많은 열매들을 맺을지 모릅니다. 탐스러운 과일들 속에 건강한 씨앗이 있습니다. 오늘 씨앗을 품고 익어가는 과일들처럼 또 다른 씨앗들을 품게 하옵소서.

주님의 나라가 이 학생들을 통해 퍼져나갈 것을 믿습니다. 기도로 준비하며 찬양으로 감사하는 수험생들을 받으시고 주님 나라의 귀한 일꾼들로 사용하여 주옵소서.

삶에서 중요한 것은 모든 것을 당연한 것으로 받아들이느냐
감사함으로 받아들이느냐 하는 것이다.
G. K. 체스터톤

우리 편에 계신 하나님

"이스라엘은 이제 말하기를 여호와께서 우리 편에 계시지
아니하셨더라면 우리가 어떻게 하였으랴."

- 시편 124:1

"그때에 그들의 노여움이 우리에게 맹렬하여 우리를 산
채로 삼켰을 것이며 그때에 물이 우리를 휩쓸며 시내가
우리 영혼을 삼켰을 것이며."

- 시편 124:3~4

하나님 아버지, 새날은 밝았지만 밖은 아직도 어둡습니다. 우리 편
에 계신 하나님을 생각하며 새날을 맞이합니다. 하나님께서 우리 편
에 계시지 않으시면 연약한 저희들이 어려움 속에서 선과 의를 행하
며 주님의 백성으로 살 수 없습니다.

2011년에는 일본에 엄청 난 쓰나미가 왔습니다. 수많은 사람들을
산 채로 삼킬 것 같은 물이 휩쓸어 가는 장면을 TV를 통해 생생히 보
았습니다. 또한 환태평양 불의 고리 여기저기에서 지진이 나고 화산
이 폭발했습니다. 히말라야 조산대에 속한 네팔과 아프가니스탄에서
도 7.5도의 강진이 났었습니다. 네팔은 8도가 넘는 강진으로 수도 카

트만두가 폐허가 되었고, 아프가니스탄과 파키스탄 접경에서 일어난 강진으로 2천여 명의 사상자가 발생했습니다. 2016년 우리나라 경주에서 일어난 5.1도와 연이은 5.6도의 지진과 수차례 여진이 지진 안정국이라는 우리나라 국민들의 생각을 바꾸고 불안에 쌓이게 했습니다.

"야곱아 너를 창조하신 여호와께서 지금 말씀하시느니라 이스라엘아 너를 지으신 이가 말씀하시느니라 너는 두려워하지 말라 내가 너를 구속하였고 내가 너를 지명하여 불렀나니 너는 내 것이라 네가 물 가운데로 지날 때에 내가 너와 함께할 것이라 강을 건널 때에 물이 너를 침몰하지 못할 것이며 네가 불 가운데로 지날 때에 타지도 아니할 것이요 불꽃이 너를 사르지도 못하리니"(이사야 43:1~2).

이스라엘을 향하신 하나님 아버지의 피 끓는 사랑과 애정의 말씀을 붙듭니다. 어떤 상황에도 주님의 피로 구속하신 당신의 백성을 끝까지 지키시고 붙들어 주시는 하나님 아버지, 사고와 질병과 재난의 많은 날들 중에서 오늘 주님의 백성이 평안히 아침을 맞게 하시니 감사합니다.

모든 수험생들에게 대학 입시는 현재 넘어야 하는 엄청난 파도이지만, 앞으로 인생에서 어떤 파도와 재난을 당할지 모릅니다. 대학 입시를 준비하면서 아버지 하나님의 은혜와 사랑을 더 확실히 경험하며, 더 굳세게 하나님을 의지하는 날들이 되게 하옵소서. 그리하여 앞으로 겪을 모든 어려움을 이겨낼 수 있는 굳센 믿음의 사람들로 성장하게 하옵소서.

여호와 하나님의 이름

주의 곁에 있을 때 맘이 든든하오니
주여 내가 살 동안 인도하여 주소서
주여 주여 나를 인도하소서.
빠른 세상 살 동안 주여 인도하소서
- 찬송가 401장

하나님 아버지, 새날을 주셔서 감사합니다. 수험생들이 목표로 한 수능시험날이 가까이 다가오고 있습니다. 그날이 가까이 올수록 끝을 바라보며 기쁨으로 기다려야 하지만, 근심으로 마음이 젖어 있습니다. 오늘은 신실한 주님의 어린 양들을 붙들어 주시고, 이들을 위해 끊임없이 기도하며 간구하는 부모들의 눈물을 닦아 주시기를 기도합니다.

"여호와께서는 자기의 이름을 위하여 그들을 구원하셨으니 그의 큰 권능을 만민이 알게 하려 하심이라"(시편 106:8).

주님께 간구하는 이들을 돌보시는 아버지 하나님, 면접을 치른 학생들과 면접을 준비하는 학생들… 수험생들이 다양한 전형에 응시하여 다양한 준비를 하고 있지만, 이들의 소원은 모두 대학 진학입니다. 이 간절한 소원을 품고 오늘도 피곤한 몸을 일으켜 세워 학교로, 도서

실로, 학원으로 향합니다. 어떤 학생들은 생활관에서 생활합니다.

하나님 아버지, 입시라는 거친 풍파를 이겨내기가 쉽지 않습니다. 특별히 오늘은 수능이 20일 앞으로 다가온 날입니다. 주님의 이름을 부르는 자는 구원을 얻으리라는 말씀을 붙듭니다. 주님의 이름을 부릅니다. 주님의 이름을 의지합니다.

하나님 아버지, 우리의 주님이 되신 하나님의 이름을 소리 높여 부릅니다. 주님의 어린 백성이 주님의 이름을 부르며 오늘도 하루를 시작해 주님의 인도하심으로 하루를 마칠 수 있기를 기도합니다. 주님의 이름을 부르는 주의 백성의 기도를 들으시고, 거친 풍파에서 구원하여 주시며 소원의 항구로 인도하여 주옵소서. 주님의 큰 권능을 만민이 알도록 주의 신실함으로 강건케 하옵소서.

부흥이란 영광 가운데 계신 그를 보는 것이며,
그에게로 돌아가는 것이고, 그에게 기도하는 것입니다.
마틴 로이드 존스

심령이 가난한 자

"심령이 가난한 자는 복이 있나니 천국이 그들의 것임이요
애통하는 자는 복이 있나니 그들이 위로를 받을 것임이요."
- 마태복음 5:3~4

"너희는 세상의 소금이니 소금이 만일 그 맛을 잃으면
무엇으로 짜게 하리요 후에는 아무 쓸 데 없어 다만 밖에
버려져 사람에게 밟힐 뿐이니라."
- 마태복음 5:13

하나님 아버지, 새날이 밝았습니다. 새로운 말씀으로 하루를 시작
하게 하시니 감사합니다. 오늘도 수험생들에게 건강과 지혜를 주셔
서 남은 기간들을 성실하게 믿음으로 걸어가게 하옵소서. 기다렸던
좋은 소식이 오지 않아 애타며 슬퍼하는 학생들이 있습니다. 하나님
의 위로가 필요합니다.

"심령이 가난한 자는 복이 있나니 천국이 그들의 것임이요"라고 말
씀하신 예수님의 말씀을 기억합니다. 애통하며 슬퍼하는 학생들의
마음을 위로하여 주옵소서. 가난한 마음과 낮은 마음을 주셔서 예수
님의 위로의 말씀이 마음 밭에 떨어지게 하옵소서. 근심과 소란 속에

서 들리지 않았던 주님의 음성이 들리게 하옵소서. 우리가 바라는 것이 단지 지금 현재에 머무는 것이 아니라 천국 가는 날까지 "하나님을 사랑하는 자에게는 모든 것이 합력하여 선을 이룬다"는 말씀을 기억하게 하옵소서.

"너희는 세상의 소금이니 소금이 만일 그 맛을 잃으면 무엇으로 짜게 하리요"라고 하신 말씀을 붙듭니다. 우리가 소금의 역할을 할 수 있도록 회복시켜 주시옵소서. 교실 안에서는 희비가 엇갈립니다. 즐거운 소리, 탄식의 소리, 낙심의 소리 속에서 주님의 백성은 심령이 가난해져서 주님의 음성을 듣게 하옵소서. 천국의 소망과 하나님의 위로가 가득 차게 하옵소서. 입시로 찌든 친구 관계와 메마른 학교생활 속에서도 짠맛을 내는 소금이 되어 비전과 희망과 목표를 새롭게 하여 건강한 생활을 할 수 있게 하옵소서.

우리는 산 정상에서의 경험보다 골짜기에서 하는 경험을 통해
더 많은 것을 배울 수 있다.
찰스 스탠리

여호와 하나님을 기다림

"여호와여 내가 깊은 곳에서 주께 부르짖었나이다."

- 시편 130:1

"파수꾼이 아침을 기다림보다 내 영혼이 주를 더
기다리나니 참으로 파수꾼이 아침을 기다림보다
더하도다 이스라엘아 여호와를 바랄지어다 여호와께서는
인자하심과 풍성한 속량이 있음이라."

- 시편 130:6~7

　　하나님 아버지, 새 아침이 밝았습니다. 파수꾼이 간절히 아침을 기다리는 것처럼 나의 영혼이 하나님 아버지를 기다리며 주님 앞으로 나아가길 원합니다. 수험생들이 앞으로 두 번 정도 주일을 지내면 수능의 날을 맞게 됩니다.

　　지금까지 하나님의 은혜로 지내왔습니다. 돌이켜보면 추운 겨울을 보내고 꽃피는 봄과 뜨거운 여름, 결실의 가을을 지나 늦가을로 접어드는 오늘까지 주님의 인자하심과 선하심으로 여기까지 왔습니다. 그러나 아버지 하나님의 인자하심과 선하심에 비해 저희들의 성실함과 선함은 불안정하고 부끄럽습니다.

수험생들이 시험을 우선순위로 두고 모든 것을 뒷전에 둔 것을 고백합니다. 부모님, 형제, 친척, 이웃을 돌아보는 것 등을 소홀히 할 수밖에 없었습니다. 무엇보다도 마음과 뜻과 목숨을 다하여 하나님 아버지를 사랑하고 신령과 진정으로 예배드려야 했지만 그렇게 하지 못했습니다.

하나님 아버지, 수험생들의 부족함과 연약함을 용서하여 주옵소서. 문제와 씨름하고 문제 속에 묻혀 있는 수험생들의 삶은 마른 땅처럼 꽉꽉하고 건조합니다. 이들의 영혼이 어둠 속에서 아버지 하나님의 빛을 기다립니다.

하나님 아버지, 인자하심과 자비하심이 끝이 없으신 아버지 하나님을 기다립니다. 파수꾼이 아침을 기다림처럼 수험생들의 영혼이 하나님을 기다립니다. 메마르고 건조한 영혼들이 아버지 하나님을 모시고 평안과 기쁨이 넘치는 날을 보내기를 간절히 기도합니다.

염려의 시작은 믿음의 끝이고,
믿음의 시작은 염려의 끝이다.
조지 뮬러

고요하고 평온함

"여호와여 내 마음이 교만하지 아니하고 내 눈이 오만하지
아니하오며 내가 큰일과 감당하지 못할 놀라운 일을
하려고 힘쓰지 아니하나이다 실로 내가 내 영혼으로
고요하고 평온하게 하기를 젖 뗀 아이가 그의 어머니 품에
있음 같게 하였나니 내 영혼이 젖 뗀 아이와 같도다."

- 시편 131:1~2

하나님 아버지, 새날이 밝았습니다. 변함없이 주님의 성실함으로
새날을 밝혀 주시고 새 주간을 주셔서 감사합니다.

새로운 하루를 시작하지만 시험 볼 때까지 남은 날을 헤아려 보니
기대와 아쉬움이 함께합니다.

하나님 아버지, 오늘 시편의 말씀처럼 수험생들의 마음을 고요하
고 평온하게 붙들어 주옵소서. 감당치 못할 일과 자신과 관계없는 일
들로 인해 흔들리지 않게 하시고, 어머니와 함께 있는 젖 뗀 아이처럼
만족함과 고요함이 수험생들과 함께하는 하루가 되게 하옵소서.

학생들은 자신의 능력과 소질과 성향에 따라 다양한 전형에 지원
했습니다. 그리고 하나, 둘 대학에서 소식이 들려옵니다. 수능 전까지
합격의 소식을 받은 학생은 소수입니다. 그렇지만 합격된 학생들을

진심으로 축하해 주기가 쉽지 않은 시기입니다.

하나님 아버지, 학생들이 서로를 돌아보며 수능 전까지 흔들리지 않고 끝까지 함께 갈 수 있는 마음을 주시옵소서. 크고 놀라운 일을 행하시는 하나님을 의지하고 고요한 중에 성실함으로 소망의 항구에 다가가게 하옵소서. 시험이 얼마 남지 않았습니다. 하루하루가 다가오지만 피하지 않고 성큼성큼 다가가게 하옵소서. 또한 수험생들이 친구의 합격에 충격 받지 않게 하시고, 크고 놀라운 일을 행하시는 하나님 아버지를 의지하게 하옵소서.

제발 바라건대 여러분의 일을 두 가지나 세 가지로 줄일 것이며,
백 가지나 천 가지가 되도록 두지 말라. 간소화하고 간소화하라.
헨리 데이비드 소로

위대한 하나님의 뜻

내 주 하나님 넓고 큰 은혜는 저 큰 바다보다 깊다

너 곧 닻줄을 끌러 깊은 데로 저 한가운데 가 보라

언덕을 떠나서 창파에 배 띄워

내 주 예수 은혜의 바다로 네 맘껏 저어가라

- 찬송가 302장

하나님 아버지, 겨울 나그네 재두루미가 벌써 날아왔다고 합니다. 추운 나라에서 겨울을 지낼 수가 없어 따스하고 먹이가 있는 남쪽 나라로 날아와 철원평야까지 왔습니다.

"참새 두 마리가 한 앗사리온에 팔리지 않느냐 그러나 너희 아버지께서 허락하지 아니하시면 그 하나도 땅에 떨어지지 아니하리라"(마태복음 10:29)는 말씀이 새롭습니다.

오늘도 수험생들은 더 넓고 더 깊은 바다로 나아가기 위해 새날을 새로운 다짐으로 맞이합니다. 오랫동안 준비함으로 피곤한 수험생들에게 독수리가 날개 치며 오르듯이 새 힘을 주시옵소서.

멀리 철원 평야까지 날아온 재두루미의 목적은 살기 위해서였습니다. 따스하고 먹이가 있어 걱정이 없는 곳으로 수없이 많은 날개 짓을 하며 이곳으로 날아왔습니다. 저희 수험생들도 목숨을 걸고 살기 위해 날개 짓을 합니다. 더 좋은 학교, 더 좋은 미래, 더 좋은 조건, 더 좋은 삶…. 그러나 하나님은 저희들을 통해 위대하신 하나님의 뜻을 이루시기를 원하십니다.

"너희는 이 세대를 본받지 말고 오직 마음을 새롭게 함으로 변화를 받아 하나님의 선하시고 기뻐하시고 온전하신 뜻이 무엇인지 분별하도록 하라"(로마서 12:2)고 하신 말씀을 묵상합니다. 수험생들이 오랫동안 수능 준비를 해오느라 지쳐 있습니다. 이제 목표의 날은 다가오지만 품었던 비전은 작아집니다. 현실을 보며 두려워합니다. 그러나 하나님의 은혜는 저 큰 바다보다 깊고 넓습니다.

하나님 아버지를 의지하고 매일 매일 성실히 노를 저어 온 학생들을 기억하여 주옵소서. 은혜의 넓고 큰 바다를 향해 가는 학생들의 앞길을 축복하시고 위대하신 하나님 아버지 안에서 귀한 뜻을 품고, 남은 여정도 건강하고 흔들림 없이 나아가게 하옵소서.

낙심 말고 겁내지 말고, 용감하고 담대하게 나아갑시다!
우리 주님이 함께 하십니다.
안창호

형제의 연합

"보라 형제가 연합하여 동거함이 어찌 그리 선하고
아름다운고 머리에 있는 보배로운 기름이 수염 곧 아론의
수염에 흘러서 그의 옷깃까지 내림 같고 헐몬의 이슬이
시온의 산들에 내림 같도다 거기서 여호와께서 복을
명령하셨나니 곧 영생이로다."

- 시편 133:1~3

    하나님 아버지, 새날이 밝았습니다. 늦은 가을의 풍경은 추수를 하고 난 뒤 빈 들판으로 인해 쓸쓸함이 더합니다. 그러나 수험생들은 얼마 남지 않은 수능 준비에 집중하며 마지막 정리를 하고 있습니다.

    하나님 아버지, "형제가 연합하여 동거함이 어찌 그리 선하고 아름다운고!"라는 말씀을 떠올립니다. 예수님께서는 "누구든지 하나님의 뜻대로 행하는 자가 내 형제요 자매요 어머니이니라"(마가복음 3:35)고 말씀하셨습니다. 부모보다도 형제보다도 같은 학급, 학원에서 더 많은 시간을 함께한 친구들이 참으로 보배롭고 귀한 형제들이 되게 하옵소서.

    거칠고 메마른 기간에도 같은 방향을 향해 함께 걸어온 친구들은 어쩌면 형제보다도 더 귀하고 친근한 사이입니다. 특별히 주님 안에서 아버지 하나님을 의지하며 함께 기도해 온 친구들이 있습니다. 없는 시간을 쪼개어 말씀을 나누고 함께 기도하며 어려운 시간을 보내는 동안 격려하며 함께한 친구들 안에 하나님 아버지의 보배롭고 귀한 지혜의 기름이 흐르게 하옵소서. 성령의 충만함이 수험생들과 친구들과 그리고 학교에 넘치게 하옵소서.

얼마 남지 않은 기간 동안도 연합하여 지혜를 모으고 기도하며, 하나님의 인도하심을 따라 끝까지 승리의 길을 가도록 지켜 주시고 성령 충만함을 주시옵소서. 다음세대인 이들을 통해 하나님의 나라가 계속 이어지게 하옵소서.

어떤 일이 있어도 하나님을 믿는 사람들은 그 말씀에 소망을 품는다.
스코트 해프먼

겸손

"내가 전심으로 주께 감사하며 신들 앞에서 주께
찬송하리이다." - 시편 138:1

"내가 간구하는 날에 주께서 응답하시고 내 영혼에 힘을
주어 나를 강하게 하셨나이다." - 시편 138:3

"여호와께서는 높이 계셔도 낮은 자를 굽어 살피시며
멀리서도 교만한 자를 아심이니이다." - 시편 138:6

    하나님 아버지, 새날이 밝았습니다. 낮은 자를 굽어 살피시며 겸손한 자를 가까이 하시는 하나님의 인자하심과 선하심을 감사하며 새 아침을 맞이합니다. 2주일 앞으로 다가온 수능 준비로 수험생들은 그동안 배웠고 풀었던 문제들을 집중하여 정리하고 있습니다. 학교에서 또는 학원에서 목표를 향해 수고하는 수험생들의 모습이 눈에 선합니다.

    하나님 아버지, 겸손한 마음으로 기도하는 연약한 수험생들에게 주님께서 응답하시고 새 힘을 주어 강하게 하여 주옵소서. 시험을 치르는 마지막 날까지 건강을 주시옵소서. 환절기의 쌀쌀한 날씨로 인해 감기에 걸리지 않도록 보호하여 주시옵소서. 겸손한 마음으로 기도하는 수험생들에게 마음을 지킬 수 있는 평안함을 주시옵소서. 수험생들의 영혼이 근심으로 어두워지지 않도록 주님의 말씀으로 영혼을 밝히시고, 찬송으로 영혼이 소생하며 힘 있게 하옵소서.

여호와께서는 높이 계셔도 낮은 자를 굽어 살피시며 멀리서도 교만한 자를 아신다고 하셨습니다. 수험생들이 낮은 마음으로 주님께 간구할 때에 응답하시고, 주님이 주시는 평안함으로 오늘을 보내며 감사로 마칠 수 있게 하옵소서.

거룩한 사람은 겸손을 추구한다.
그는 세상의 다른 어떤 누구에게서 보다 자신의 마음속에서 더 많은 악을 본다.
그는 "나는 티끌이나 재와 같사오나"라고 말한
아브라함의 심정을 깊이 이해한다.
J. C. 라일

나를 아시는 하나님

"여호와여 주께서 나를 살펴보셨으므로 나를 아시나이다
주께서 내가 앉고 일어섬을 아시고 멀리서도 나의 생각을
밝히 아시오며, 나의 모든 길과 내가 눕는 것을 살펴
보셨으므로, 나의 모든 행위를 익히 아시오니, 여호와여
내 혀의 말을 알지 못하시는 것이 하나도 없으시니이다
주께서 나의 앞뒤를 둘러싸시고 내게 안수하셨나이다."

- 시편 139:1~5

　　새날을 주신 하나님 아버지, 감사합니다. 나를 살펴보시고 나의 앉
고 일어섬을 아시며 멀리서도 나의 생각을 밝히 아시는 하나님 아버
지, 수험생들이 가는 길과 그들의 마음과 행동을 다 아시는 아버지께
는 흑암이 숨기지 못하고 밤이 낮처럼 환합니다. 얼마 남지 않은 수능
시험을 앞두고 수험생들의 마음이 밤과 같이 어둡습니다.

　　하나님 아버지, 흑암을 밝혀 주시고 수험생들이 어둠 속에 헤매지
않도록 말씀의 등불을 비춰 주시옵소서. 지금까지 건강을 주셔서 어
려운 길을 걸어 올 수 있게 하심을 감사합니다. 뒤돌아보면 지금까지
걸어온 까마득하게 먼 길이 보입니다. 이제 얼마 남지 않은 길을 가야
하지만 몹시 지쳐 있습니다.

하나님 아버지, 주님의 손으로 수험생들의 앞뒤를 둘러싸시고 안수하여 주옵소서. 성령의 생기를 불어 넣으사 지혜의 영으로 충만케 하옵소서. 무릎 꿇어 기도하며 주님의 은혜를 기다리는 백성을 살펴 주시옵소서. 복잡한 생각을 풀어 주시고 두려운 생각이 사라지게 하시며 굳센 믿음으로 하루를 보내게 하옵소서.

다른 어떤 곳에서보다 고통의 침상에 있었을 때
은혜 가운데 큰 성장이 있었음을 확신한다.
찰스 스펄전

주위를 돌아봄

"내가 알거니와 여호와는 고난당하는 자를 변호해 주시며
궁핍한 자에게 정의를 베푸시리이다."

- 시편 140:12

하나님 아버지, 새날이 밝았습니다. 오늘도 아버지와 함께 동행하는 복된 날이 되게 하옵소서. 북한을 떠나서 수많은 어려움을 헤치고 우리나라에 도착한 탈북민의 자녀들이 학교생활에 잘 정착하고 새로운 삶을 살아 갈 수 있도록 인도하옵소서.

죽음과 삶의 경계선을 오가며 말로 할 수 없는 고통을 겪은 그들의 삶은 조그만 땅 한반도에서 남과 북의 생활이 얼마나 다른지에 돌아보게 합니다.

고난당하는 자를 변호하시고 궁핍한 자에게 정의를 베푸시는 하나님 아버지, 배고픔과 고통 가운데 있는 북한 동포들을 불쌍히 여겨 주시옵소서. 저희 수험생들은 다가오는 수능과 자신의 일에 매여 우리나라 주위를 둘러싸고 있는 고통에 관심을 둘 여유가 없습니다. 그러나 한편, 오늘을 기약할 수 없는 삶 속에서 살아가는 어떤 아이들에게 수능은 생각조차 할 수 없는 단어입니다.

하나님 아버지, 오늘도 평안히 수능 준비를 할 수 있는 은혜를 수험생들에게 주셔서 감사합니다. 다음세대를 살아 갈 수험생들의 국내외 상황은 더 복잡하고 치열할 것입니다. 수험생들이 오직 주님을 바라보고 선하신 인도에 따라 주님의 성품을 닮아가는 세대들이 되게 하옵소서. 고난당하는 자를 변호해 주시며 궁핍한 자에게 정의를 베푸시는 아버지 하나님을 닮게 하옵소서.

　　팍팍한 수험생의 일정 속에서도 아버지 하나님의 은혜를 감사하며 웃을 수 있는 마음의 여유를 주시옵소서. 수험생의 희미한 웃음에도 안심하는 가족들에게 크고 환한 웃음을 짓게 하옵소서. 잠깐이라도 주위를 살펴보기 위해 시간을 내게 하옵소서. 특히 오늘 면접 장소로 출발하는 학생들에게 평안한 마음을 주셔서 가족을 향해 웃음을 지으며 주위를 돌아보게 하옵소서.

이웃 사랑의 척도는 우리가 그들을 위해 기도하는 횟수와
진지함으로 결정된다.
A. W. 핑크

예수그리스도를 힘입음

"여호와여 내가 주를 불렀사오니 속히 내게 오시옵소서
내가 주께 부르짖을 때에 내 음성에 귀를 기울이소서 나의
기도가 주의 앞에 분향함과 같이 되며 나의 손 드는 것이
저녁 제사같이 되게 하소서."

- 시편 141:1~2

　　하나님 아버지, 새날이 밝았습니다. 이른 아침의 한가함으로 집안
은 조용합니다. 수험생을 둔 어머니는 부엌에서 달그락거리며 아침
을 준비합니다. 가족들이 깨어나면 아침이 분주해질 것입니다. 수험
생들의 지친 영혼이 주님이 주시는 평온함으로 강건해지게 하옵소
서. 자리에서 벌떡 일어나 예수님의 이름을 부르게 하옵소서. 힘을 다
하여 예수님의 이름을 부르게 하옵소서.

　　연약한 손을 들어 아버지 하나님을 부르게 하시고 찬송하게 하옵
소서. 아침부터 저녁까지 예수님 안에 거하고 예배 안에서 새 힘을 얻
게 하옵소서. 우리를 구원하신 모든 이름 위에 뛰어난 이름, 예수 그
리스도의 이름을 힘입어 아버지께 나아가며 간구하는 수험생들의 기
도를 들어 주옵소서.

　　면접 장소에서 초조하게 면접을 대기해야 하는 주님의 백성을 기

억하여 주옵소서. 몸은 면접 장소에 있더라도 어디나 계시는 아버지 하나님을 바라보며, 친구 되신 예수님을 힘입어 아버지께 간구하게 하옵소서.

"예수는 영원히 계시므로 그 제사장 직분도 갈리지 아니하느니라 그러므로 자기를 힘입어 하나님께 나아가는 자들을 온전히 구원하실 수 있으니 이는 그가 항상 살아 계셔서 그들을 위하여 간구하심이라"(히브리서 7:24~25).

수험생들이 예수님의 이름을 힘입어 하나님께 나아갑니다. 예수님의 구원의 능력으로 마음의 근심이 벗어지고 예수님이 주시는 평강으로 수험생들의 영혼이 강건해지는 복된 날이 되게 하옵소서.

실망하고 싶다면 다른 사람들을 보라. 낙담하고 싶다면 자신을 보라.
격려받고 싶다면 예수 그리스도를 보라.
에리히 자우어

수능 10일 전

약할 때 강함 되시네

나의 보배가 되신 주

주 나의 모든 것

주 안에 있는 보물을

나는 포기할 수 없네

주 나의 모든 것

예수 어린 양 존귀한 이름

예수 어린양 존귀한 이름

하나님 아버지, 오늘은 수능 10일 전 날입니다. 새로운 날이지만 마음이 무거운 수험생들을 일으켜 주옵소서. 약할 때 강함 되시고 쓰러진 우리들을 일으켜 세워 주시는 예수님의 존귀한 이름을 부르며 힘을 내게 하옵소서.

어젯밤에는 교회에서 열리는 기도회에 참석했습니다. 수능을 앞두고 전국의 교회들은 특별기도회를 갖거나 예배 중 기도시간에 수험생들을 위해 정성껏 기도를 드립니다. 지금까지 수험생들이 마음을 추스르며 수능 준비에 전념하게 하심을 감사드립니다.

수능을 준비했던 기간에 특별히 어려움을 겪은 학생들이 있습니다. 모두에게 주어진 건강이 허락되지 않아 어려운 병과 싸우며 공부하는 학생도 있습니다. 어떤 학생은 집 안에 경제적인 어려움이 닥쳐 학업에 전념하기 힘들었습니다. 또 어떤 학생은 가정의 어려운 문제로 시험 준비하는 시간을 고통스럽게 보냈습니다.

은혜와 자비의 하나님 아버지, 어떤 상황에 있었더라도 예수 그리스도의 존귀한 이름을 부르며 아버지 하나님께 나아왔던 주님의 백성의 손을 붙잡아 주셔서 감사합니다. 친구와 선생님, 부모까지도 이들의 어려움을 헤아릴 수 없었던 때에도 아버지 하나님께서 함께해 주셔서 감사합니다. 특별한 어려움이 아니었더라도 수능과 수시를 준비하는 모든 수험생들에게 길고도 힘든 시간들이었습니다.

"아침에 나로 하여금 주의 인자한 말씀을 듣게 하소서 내가 주를 의뢰함이니이다 내가 다닐 길을 알게 하소서 내가 내 영혼을 주께 드림이니이다"(시편 143:8).

머리 숙인 수험생들이 아버지의 인자한 말씀을 듣게 하시옵소서.

걱정은 하나님의 약속과 증거를 망가뜨리는 죄다.
존 맥아더

친히 가르치시는 하나님

당신이 지쳐서 기도할 수 없고
눈물이 빗물처럼 흘러내릴 때
주님은 아시네 당신의 약함을
사랑으로 돌봐주시네
누군가 널 위하여 누군가 기도하네
네가 홀로 외로워서 마음이 무너질 때
누군가 널 위해 기도하네

하나님 아버지, 새날이 밝았습니다. 며칠 남지 않은 수능시험을 앞에 두고 수험생들의 마음은 바짝바짝 타들어 가고 있습니다. 불안과 두려움, 외로움으로 마음이 무너집니다. 수험생들 주위에서 그들을 위해 간구하는 부모님과 교사들과 친지들의 기도를 들어 주시옵소서.

전국의 교회들이 수험생들을 위해 기도하고 있습니다. 수험생들에게 누군가 기도하고 있음을 알게 하옵소서. 자신이 지쳐서 기도할 수 없을 때 혼자 있다고 생각하지 않고 사랑으로 인도하시는 하나님 아버지를 기억하게 하옵소서.

"나의 반석이신 여호와를 찬송하리로다 그가 내 손을 가르쳐 싸우게 하시며 손가락을 가르쳐 전쟁하게 하시는도다"(시편 144:1)라는 시편 말씀을 의지합니다.

지금까지 수험생들과 부모, 이웃들의 기도를 들어주신 하나님 아버지, 전쟁의 날이 가까이 오고 있습니다. 학교에서는 수능 전날 학생들을 내보내는 출정식을 합니다. 전쟁은 하나님께 속한 것임을 알고 있습니다. 수험생들이 치열한 싸움에서 승리하도록 수험생들의 손과 손가락을 친히 붙드시고 가르쳐 주시옵소서. 시험장 안에서도 세밀하신 아버지의 인도하심이 함께하실 것을 믿습니다.

　수험생들을 친히 가르치시고 이기게 하시는 아버지 하나님을 체험하는 수능시험이 되게 하옵소서. 수능시험 날이 수험생들의 일생 중에 잊을 수 없는 감격의 날이 되게 하옵소서.

하나님은 짐을 지시는 분이시다.
그리스도인의 본질 역시 짐을 진다는 사실에 있다.
만일 그리스도를 따르는 자가 그분의 십자가를 진다면,
그가 발견하는 것은 바로 그리스도 자신이다.
디트리히 본회퍼

견고한 믿음

"우리 아들들은 어리다가 장성한 나무들과 같으며
우리 딸들은 궁전의 양식대로 아름답게 다듬은
모퉁잇돌들과 같으며."

- 시편 144:12

하나님 아버지, 새날이 밝았습니다. 우리의 아들과 딸들은 장성하여 하나님의 나라와 대한민국을 떠받칠 우뚝 선 나무들과 아름답게 다듬은 모퉁잇돌과 같습니다. 새벽이슬과 같은 청년들을 축복하여 주시고 아버지의 은혜로 오늘도 강건케 하옵소서.

수시에 합격되지 못하고 정시에 지원해야 하는 학생들, 논술 전형과 예체능 계열의 최저학력 조건을 만족시키기 위해 수능시험을 치르는 학생들, 그리고 수시보다는 정시를 목표로 하여 꾸준히 수능을 준비해온 학생들, 다시 기회를 얻기 위해 수능에 재도전하는 학생들….

하나님 아버지, 수능시험이 며칠 남지 않은 이 시점에 수험생들에게 굳센 믿음을 주시옵소서. 그동안 인내하고 소망하며 믿음으로 여기까지 올 수 있게 하심을 감사드립니다.

두려움으로 흔들리지 않게 하옵소서. "나의 의인은 믿음으로 말미암아 살리라 또한 뒤로 물러가면 내 마음이 그를 기뻐하지 아니하리라 하셨느니라"(히브리서 10:38)고 하셨습니다.

두렵습니다. 긴장됩니다. 걱정됩니다. 그러나 하나님 아버지의 백성을 기억하시고 도우실 것을 믿습니다. 믿음이 흔들리지 않게 하옵소서. 오직 의인은 믿음으로 말미암아 살리라 하셨습니다. 아버지의 이름을 부르는 자에게 가까이 하시고, 간구하는 기도를 들으시며 하나님과 함께하면 그를 건지고 영화롭게 하리라고 하신 말씀을 기억하게 하옵소서. 지금 상황이 어떠할지라도 더욱 더 아버지 하나님께 나아오며 간절히 무릎 꿇고 기도하는 믿음을 주옵소서.

뒤로 물러가지 않는 견고한 믿음으로 반석이신 주님 안에 굳건히 서게 하옵소서.

그 무엇에도 너 마음 설레지 말라. 그 무엇도 너 무서워하지 말라.
모든 것은 다 지나가고 주님만이 가시지 않나니 인내함이 모두를 얻느니라.
주님을 모시는 이 아쉬울 것이 없나니 주님 한 분이면 흐뭇할 따름이니라.
아빌라의 테레사

소원을 이루어 주심

"여호와께서는 자기에게 간구하는 모든 자 곧 진실하게
간구하는 모든 자에게 가까이 하시는도다 그는 자기를
경외하는 자들의 소원을 이루시며 또 그들의 부르짖음을
들으사 구원하시리로다."

- 시편 145:18~19

하나님 아버지, 새날이 밝았습니다. 아침이 되었지만 아직 밖은 어
둠이 깔려 있습니다. 입동이 지나고 바람이 불면서 거리의 나무들은
나뭇잎들을 떨어뜨리며 겨울을 지낼 준비를 하고 있습니다. 추운 겨
울이 오기 전 거리와 숲속의 나무들은 예쁜 색으로 옷을 갈아입었습
니다. 빨강, 주황, 노랑 색깔의 나뭇잎들이 햇빛에 흔들리면서 늦가을
의 정취를 느끼게 합니다.

고등학생들이 대학 수능시험을 앞두고 있는 것처럼 중학생들도 다
양한 고등학교에 진학하려고 준비하고 있습니다. 그동안 목표를 세
우고 달려왔던 중학생들이 꿈의 학교에 문을 두드리고 있습니다. 어
린 자녀들이 고등학교 진학을 위해 수고하는 것을 옆에서 지켜보는
부모들의 마음도 함께 긴장합니다. 고등학교 진학과 대학교 진학을
함께 준비하는 자녀가 있는 가정의 부모는 올 한해가 참으로 길고 힘

들었습니다.

하나님 아버지, 시험은 누구에게나 긴장되고 어렵습니다. 그러나 꼭 해결해야 할 과제입니다. 아버지께서도 우리를 단련하기 위해 시험하시고, 그 시험을 잘 통과할 수 있도록 도와주시는 것을 믿습니다.

"여호와께서는 자기에게 간구하는 모든 자 곧 진실하게 간구하는 모든 자에게 가까이 하시는도다 그는 자기를 경외하는 자들의 소원을 이루시며 또 그들의 부르짖음을 들으사 구원하시리로다"(시편 145:18~19).

하나님 아버지의 말씀대로 지금까지 기도하며 진실하게 간구했던 수험생들에게 가까이 하시옵소서. 아버지를 경외하는 자들의 소원을 이루어 주신다는 말씀을 믿습니다. 아버지를 높이며 그 말씀을 지켜왔던 수험생들의 마음의 소원을 아시는 주님, 그들의 소원을 이루어 주실 줄을 믿습니다.

아버지의 자비로우심과 은혜로우심과 능력이 온 세상에 아름답게 펼쳐져 있습니다. 수험생들이 빨갛게 물든 단풍잎이 흔들리는 것을 바라보며 약속의 말씀을 붙들고 미소 짓게 하옵소서. 그리고 인내하며 오늘 하루도 감사로 마무리 짓게 하옵소서. 두려움에 떨고 있는 주위의 친구들의 손을 잡아주며, 격려하게 하옵소서.

기도는 세계를 움직이는 손을 움직이게 한다.
G. D. 왓슨

하나님을 바라라

"내 영혼아 네가 어찌하여 낙심하며 어찌하여 내 속에서
불안해하는가 너는 하나님께 소망을 두라 나는 그가
나타나 도우심으로 말미암아 내 하나님을 여전히
찬송하리로다."

- 시편 42:11

하나님 아버지, 오늘도 새날을 밝히시니 감사합니다. 피곤한 몸을 일으켜 세우고 새날을 맞는 수험생들을 기억하옵소서. 낙망하며 불안해하는 수험생들이 하나님을 바라고 그 얼굴을 하나님께 향하게 하옵소서. 그리하여 하나님의 따스한 사랑을 느끼게 하옵소서.

"여호와는 말의 힘이 세다 하여 기뻐하지 아니하시며 사람의 다리가 억세다 하여 기뻐하지 아니하시고 여호와는 자기를 경외하는 자들과 그의 인자하심을 바라는 자들을 기뻐하시는도다"(시편 147:10~11)라는 말씀을 붙들게 하옵소서.

수험생들이 피곤하고 지쳐 뛸 수 있는 힘이 약합니다. 그러나 아버지 하나님을 바라고 인자하심에 기대며 아버지 하나님을 높여 드리게 하옵소서. 불안함을 몰아냅니다. 새 힘을 주시옵소서. 지혜를 주시옵소서. 비록 몸은 피곤하고 지쳐 있지만 성령 충만함을 주셔서 찬송이 흘러나오게 하옵소서.

"예루살렘아 여호와를 찬송할지어다 시온아 네 하나님을 찬양할지어다 그가 네 문빗장을 견고히 하시고 네 가운데에 있는 너의 자녀들에게 복을 주셨으며 네 경내를 평안하게 하시고 아름다운 밀로 너를 배불리시며"(시편 147:12~14).

하나님 아버지, 하나님을 경외하는 수험생들 가정의 문빗장을 견고히 하사 악한 것이 들어오지 못하게 하옵소서. 불안을 몰아내고 주님의 평안함이 흐르며 영육간의 양식으로 배부르게 하옵소서. 지혜로 채워 주시옵소서.

하나님은 모든 곳에 다 계신다.
그러나 하나님의 얼굴과 은혜가 모든 곳을 다 향하는 것은 아니다.
바로 그 때문에 하나님께서 우리에게 하나님의 얼굴을 찾으라고
말씀하시는 것이다.
토미 테니

하나님을 의지하라

"할렐루야 내 영혼아 여호와를 찬양하라 나의 생전에 여호와를
찬양하며 나의 평생에 내 하나님을 찬송하리로다 귀인들을
의지하지 말며 도울 힘이 없는 인생도 의지하지 말지니."
- 시편 146:1~3

    하나님 아버지, 오늘도 변함없이 새날을 주셔서 감사합니다. 수능 시험 날이 다가오면서 수험생뿐 아니라 부모들의 마음도 매우 불안합니다. 교회에서는 수험생과 가정을 위해 기도회를 열어 하나님께 간구하며 수험생들을 격려하고 있습니다. 전국의 사찰들도 특별집회를 하며 신도들을 위로하고 있습니다. 집 근처의 마트나 백화점 상품 판매대에는 수험생들의 고득점을 기원하는 엿과 모찌, 찰떡 같은 상품들이 쌓여 있습니다.

    구원과 소망이 어디에서 나오는지 학생들로 하여금 알게 하소서. 우리 힘의 반석과 피난처 되시는 하나님만 잠잠히 바라나이다.

    우리가 얼마나 연약하고 미련한지 하나님께서 아십니다. 하나님 아버지, 어려운 고비가 올 때마다 어리석고 연약한 인생은 바람에 흔들리듯 흔들립니다. 그러나 우리가 허망한 것을 의지하고 도울 힘이 없는 사람을 의지하지 말고 오직 아버지 하나님만을 의지하게 하옵소서.

"할렐루야 내 영혼아 여호와를 찬양하라 나의 생전에 여호와를 찬양하며 나의 평생에 내 하나님을 찬송하리로다 귀인들을 의지하지 말며 도울 힘이 없는 인생도 의지하지 말지니 그의 호흡이 끊어지면 흙으로 돌아가서 그 날에 그의 생각이 소멸하리로다 야곱의 하나님을 자기의 도움으로 삼으며 여호와 자기 하나님에게 자기의 소망을 두는 자는 복이 있도다"(시편 146:1~5).

아버지 하나님의 말씀을 믿습니다. 오늘도 수험생들이 무릎 꿇어 기도하며 아버지 하나님께 소망을 두는 믿음을 주시옵소서. 하나님 아버지의 긍휼하심과 예수 그리스도의 은혜와 성령님의 지혜가 충만한 하루가 되게 하옵소서.

무릎으로 나아갈 때 우리는 가장 크고 강하게 선다.
찰스 스탠리

전심으로 찬양하라

"산들과 모든 작은 산과 과수와 모든 백향목이며 짐승과
모든 가축과 기는 것과 나는 새며 세상의 왕들과 모든
백성과 고관들과 땅의 모든 재판관들이며 총각과 처녀와
노인과 아이들아 여호와의 이름을 찬양할지어다 그의
이름이 홀로 높으시며 그의 영광이 땅과 하늘 위에
뛰어나심이로다 그가 그의 백성의 뿔을 높이셨으니 그는
모든 성도 곧 그를 가까이 하는 백성 이스라엘 자손의
찬양받을 이시로다 할렐루야."

- 시편 148:9~14

하나님 아버지, 새날이 밝았습니다. 온 세상이 고운 가을 단풍으로
빛나고 있습니다. 큰 산들과 작은 산들이 빨강, 주황, 노랑, 초록색으
로 울긋불긋하게 타오릅니다. 늦가을의 어두운 세상이 단풍으로 밝
아졌습니다. 감나무 잎은 떨어지고 있지만, 파란 하늘을 배경으로 주
렁주렁 달린 주황색 감들이 빈들의 황량함을 감사로 바꿔 줍니다.

그동안 무릎 꿇어 기도해 왔던 수험생들이 아버지 하나님께 나아
갈 때 성령의 충만함을 부어 주시옵소서. 손을 들어 주님을 찬양할 때
군대보다도 더 강건하게 하옵소서. 아버지 하나님의 이름을 높일 때

지혜와 집중력을 주시고, 기억력이 새롭게 회복되게 하옵소서. 솔로몬의 기도를 들으시고 "이 곳에서 하는 기도에 내가 눈을 들고 귀를 기울이리니 이는 내가 이미 이 성전을 택하고 거룩하게 하여 내 이름을 여기에 영원히 있게 하였음이라 내 눈과 내 마음이 항상 여기에 있으리라"(역대상 7:15~16) 하며 약속하신 하나님께 나아갑니다. 주님을 향해 드리는 수험생들을 위한 부모님들의 기도가 하나님께 상달되게 하옵소서.

아브라함을 부르시고 이삭을 축복하시고 야곱과 동행하시며 이스라엘 민족을 이끌어 내신 하나님을 찬양합니다. 주님께서 예수님의 보배로운 피로 믿음의 자손이 된 백성의 찬양을 들으시고, 그들의 뿔을 높이 드시며 전신갑주를 입혀 주옵소서. 출정식을 앞둔 주님의 백성들이 두렵고 떨립니다. 강하고 담대하게 하시고 지혜로 빛나게 하옵소서.

하나님을 두려워하는 것은 다른 모든 두려움을 사라지게 한다.
찰스 스펄전

날 마 다 찾 아 가 는 수 험 생 을 위 한 1 0 0 일 기 도 문

4장

수능시험

소망 중에 기뻐하라

가슴마다 파도친다 우리들의 젊은이
눈동자에 어리운다 우리들의 푸른 꿈
주의 말씀 주의 행함 길과 진리 되시니
우리 평생 한결같이 주만 따라 살리라

- 찬송가 574장

하나님 아버지, 감사합니다. 오늘은 수능 3일 전입니다. 우리의 젊은이들이 꿈과 목표를 갖고 지금까지 최선을 다해 달려왔습니다. 가슴마다 파도치는 꿈들이 주님 안에서 이루어지게 하시고, 젊은이들의 품은 뜻이 아버지께서 주신 선한 뜻이 되게 하옵소서. 길과 진리 되시는 주님을 한결같이 따라가게 하옵소서.

수능시험 3일 전에는 수능시험문제지가 각 지역으로 배송되기 시작됩니다. 한국교육과정평가원 주관으로 완성된 수능시험 문제들이 엄격한 관리 하에 각 지역과 고사장으로 운반되어 갑니다. 대한민국 각 지역에는 수많은 수험생들을 위해 고사장들을 준비하고 있습니다.

하나님 아버지, 올해 수능은 수능시험을 볼 때까지 모든 과정을 하나님께서 지켜 주셔서 그동안 기도하며 준비해 온 수험생들이 시험문제로 인해 어려움을 겪지 않도록 도와주시옵소서.

"여호와께서는 자기 백성을 기뻐하시며 겸손한 자를 구원으로 아름답게 하심이로다 성도들은 영광 중에 즐거워하며 그들의 침상에서 기쁨으로 노래할지어다"(시편 149:4~5).

하나님께서는 자기 백성을 기뻐하시며 겸손한 자를 구원하신다고 말씀하셨습니다. 겸손히 아버지 하나님께 무릎 꿇고 간구해 온 수험생들을 기억하실 줄 믿습니다. 수험생들의 간구와 수고와 인내가 아버지 하나님의 응답으로 빛나게 하시고 아버지 하나님의 영광에 참여하며 즐거워하고, 누우나 일어서나 기쁨으로 노래할 때가 올 것을 믿습니다. 그날이 가까이 왔습니다.

이 모든 것을 소망 중에 떠올리며 수험생들이 힘 있게 하루를 시작하고 감사와 간구로 마무리 짓는 복된 날이 되게 하옵소서.

한 걸음 한 걸음 천천히 걸어가기만 하면 목적지에 도달할 수 있다고
생각해서는 안 된다. 한 걸음 한 걸음 그 자체가 가치를 지녀야 한다.
하나의 큰 성과는 가치 있는 작은 일들이 모여 이루어진다.
단테 알리기에리

자랑

"여호와께서 이와 같이 말씀하시되 지혜로운 자는 그의
지혜를 자랑하지 말라. 용사는 그의 용맹을 자랑하지 말라.
부자는 그의 부함을 자랑하지 말라 자랑하는 자는 이것으로
자랑할지니 곧 명철하여 나를 아는 것과 나 여호와는 사랑과
정의와 공의를 땅에 행하는 자인 줄 깨닫는 것이라 나는 이
일을 기뻐하노라 여호와의 말씀이니라."

- 예레미야 9:23~24

하나님 아버지, 새날이 밝았습니다. 오늘은 수능시험 2일 전입니
다. 교실 칠판에 수능을 예고하는 날짜가 D-2를 가리키고 있습니다.
누가 알려주지 않아도, 칠판을 보지 않아도 수험생들과 그의 가족들
은 수능이 2일 앞으로 다가온 것을 알고 있습니다. 그동안 하나님 아
버지께서 돌보시고 함께해 주셔서 참으로 감사합니다.

수험생들이 3년 동안 배워 온 지식들을 차곡차곡 마음에, 머리에
쌓았습니다. 수험생들이 배워 온 지식들이 앞으로 세상을 살아갈 때
지혜가 되고 힘이 되고 재물이 되기를 바라며 열심히 공부해 왔습니
다. 그러나 세상은 점점 더 메마르고 악해지며 빈부의 격심한 차이로
고통받고 있습니다. 세계 곳곳에서 테러가 터져 사람들을 공포 속에

몰아넣습니다.

예수님께서는 "내가 곧 길이요 진리요 생명이라"고 말씀하셨습니다. 수험생들이 추구하는 지식과 지혜는 참 진리가 되지 못함을 인정합니다.

"여호와를 경외하는 것이 지혜의 근본이고 거룩한 자를 아는 것이 명철"이라고 말씀하셨습니다. 우리가 쌓은 지혜를 행여나 자랑하지 말게 하시고 지혜의 근본이 여호와를 경외하는 것임을 잊지 않게 하옵소서. 수능시험을 2일 앞둔 수험생들이 그들의 작은 지식과 지혜에 매달리지 않게 하시고, 인애와 공평과 정직을 행하시는 아버지 하나님을 자랑하게 하옵소서. 올해 수능에도 공평과 정직이 확인되게 하시고 아버지 하나님의 사랑과 은혜가 흐르게 하옵소서.

출발점에서 우리가 배우지 않으면 안 되는 단어가 있다. 그것은 '하나님'이다. '하나님'이라는 단어를 배움으로써 우리는 언제나 진실하며 인격적이라는 점에서 우리보다 우월한 존재를 경험할 능력을 갖게 된다.

유진 피터슨

모든 것 감사

1. 날 구원하신 주 감사, 모든 것 주심 감사
   지난 추억 인해 감사, 주 내 곁에 계시네
   향기로운 봄철에 감사, 외로운 가을날 감사
   사라진 눈물도 감사, 나의 영혼 평안해

2. 응답하신 기도 감사, 거절하신 것 감사
   헤쳐 나온 풍랑 감사, 모든 것 채우시네
   아픔과 기쁨도 감사, 절망 중 위로 감사
   측량 못할 은혜 감사, 크신 사랑 감사해

하나님 아버지, 감사합니다. 오늘은 수능시험을 하루 앞둔 날입니다. 수험생들이 하루 앞을 보며 근심과 두려움에 쌓이지 않게 하옵소서. 또한 그동안의 시간들을 돌아보고 수많은 일들을 기억하며 하나님께 감사하게 하옵소서.

건강을 주시고 어려울 때마다 이길 수 있는 믿음을 주시며 지혜를 주셔서 그 많은 책들을 공부하게 하시니 감사합니다. 아름다운 봄날, 뜨거웠던 여름, 단풍이 곱게 물든 가을날들 속에 점점이 아로 새겨졌

230

던 추억들로 인해 감사하게 하옵소서.

예민한 자녀들의 투정을 받아 주시고, 무거운 짐을 지고 지금 이 시간에도 자녀들을 위해 기도하시는 부모님과 따스한 가정으로 인해 감사하게 하옵소서. 수험생 곁에서 어려운 공부를 함께했던 친구들로 인해 감사하게 하옵소서. 수험생들을 지도하며 함께 어려움을 겪어온 교사들로 인해 감사하게 하옵소서.

학교에서는 수능시험을 치르는 학생들을 위해 출정식을 준비합니다. "수능 대박, 선배님 만점", "펜이 가는 손길마다 정답 되게 하소서." … 후배들과 학부모들이 수험생들의 기운을 북돋우는 현수막들을 준비합니다. 학교, 학원에서는 수능 대박을 바라며 찰떡과 모찌들을 선물합니다. 여기저기에서 떡, 엿, 모찌, 과자 등의 선물들을 수험생들에게 전달합니다. 그들의 마음과 선물이 고맙기도 하고 한편 엄청난 스트레스가 되어 밀려오지만, 감사함으로 스트레스를 날려 버리게 하옵소서.

"감사로 제사를 드리는 자가 나를 영화롭게 하나니 그의 행위를 옳게 하는 자에게 내가 하나님의 구원을 보이리라"(시편 50:23).

신뢰의 길은 말할 것도 없이 모험의 길이다.
모험 없는 삶이란 삶을 버리는 모험이다.
브레넌 매닝

수능시험

"그 주인이 이르되 잘하였도다 착하고 충성된 종아 네가
적은 일에 충성하였으매 내가 많은 것을 네게 맡기리니
네 주인의 즐거움에 참여할지어다."

- 마태복음 25:21

　　하나님 아버지, 새날이 밝았습니다. 오늘은 수능시험을 치르는 날
입니다. 새벽 일찍부터 어머니는 깜깜한 방에 불을 밝히고 오늘 시험
보는 자녀를 위해 소화가 잘 되고 영양이 있는 아침밥과 점심 도시락
을 준비합니다. 어머니는 기도하며 음식을 정성껏 준비합니다. 부모
의 마음은 시험 치를 자녀 생각으로 가슴이 두근거립니다. 수험생이
있는 가정은 가족들이 밤잠을 설치고 오늘 최상의 컨디션으로 수험생
이 시험을 치를 수 있도록 모든 것을 수험생 중심으로 움직입니다.

　　하나님 아버지, 드디어 피할 수 없는 수능시험의 날이 왔습니다.
그동안 부모님의 끝없는 사랑과 관심, 교사들의 진실한 지도, 친구
들의 우정을 가슴에 담고 홀로 수험장에 들어가야 합니다. 자신들이
공부했던 학교가 아닌 장소에서, 친하고 익숙했던 친구들 곁이 아닌
낯선 곳에서, 처음 보는 학생들과 함께 하루 종일 시험을 치르게 됩
니다.

시간과 공간을 초월하시고 처음과 마지막이 되시는 아버지 하나님, 아버지만이 수험생들과 함께하실 줄 믿습니다. 두근거리고 긴장되는 수험생들에게 마음에 평안함을 주시옵소서. 보혜사 성령님의 지혜로 충만케 하사 기억이 새롭게 하시고, 문제에 집중하게 하옵소서. 끝까지 지치지 않도록 건강을 주시옵소서.

"그 주인이 이르되 잘하였도다 착하고 충성된 종아 네가 적은 일에 충성하였으매 내가 많은 것을 네게 맡기리니 네 주인의 즐거움에 참여할지어다"(마태복음 25:21).

달란트 비유에서 칭찬받은 두 달란트, 다섯 달란트의 종을 기억합니다. 그들을 칭찬하신 아버지, 오늘 수많은 날들을 문제들과 씨름해 온 당신의 자녀들을 축복하옵소서. 부모들이 시험장으로 자녀를 보내고 안타까운 심정으로 뒷모습을 쳐다봅니다. 그들에게 평안한 마음을 주시옵소서.

시험 장소에서 선배들을 응원한다고 새벽부터 소리소리 지르며 북과 꽹과리를 치는 후배 학생들에게도 은혜를 주시옵소서. 시험 장소에서 제자들의 손을 잡아주며 격려하는 교사들을 위로하옵소서. 오늘 전국에서 시행되는 수능 평가가 탈 없이 시작되고 마무리 짓게 하옵소서. 오늘 모든 과정을 마친 후 아버지 하나님의 즐거운 잔치에 참여하는 은총을 내려 주시옵소서.

영육 간의 강건함

"사랑하는 자여 네 영혼이 잘됨 같이 네가 범사에 잘되고
강건하기를 내가 간구하노라."

- 요한3서 1:4

하나님 아버지,

오늘도 새로운 날을 주시고 건강을 주셔서 아버지 앞에 나와 기도
하게 하시니 감사합니다.

그동안 피로에 쌓였던 수험생들에게도 몸과 마음이 모두 회복되게
하옵소서.

하나님 아버지, 대학 입시의 과정을 마치고 결과를 기다리는 학생
들이 남은 시간을 지혜롭게 보내며 하나님과 가족들과 사랑의 관계를
회복하게 하옵소서. 긴장이 풀리고 나태해지기 쉬운 기간입니다.

부모님들의 사랑의 훈계를 잔소리로 여기지 않게 하시고 앞으로
남은 기간 동안 대학 입시의 결과를 기다리며 의미 있게 보내게 하옵
소서.

"지혜 있는 자에게 교훈을 더하라 그가 더욱 지혜로워질 것이요 의로운 사람을 가르치라 그의 학식이 더하리라"(잠언 9:9)는 아버지의 말씀을 기억합니다. 그동안 지식을 쌓아온 수험생들이 책망과 교훈을 물리치는 어리석은 자가 되지 않게 하시고 부모님과 인생 선배들의 교훈을 감사히 받아 더욱 지혜롭게 하옵소서.

좋은 소식이 올 때까지 하나님께 무릎 꿇어 기도하며 부모님께 감사하며 주위의 친구들을 돌아보는 의로운 주님의 백성들에게 지식을 더하시고 범사에 잘 되고 강건한 은혜를 내려 주시옵소서.

"사랑하는 자여 네 영혼이 잘됨 같이 네가 범사에 잘되고 강건하기를 내가 간구하노라" (요한3서 1:4).

다른 모든 고려할 사항을 내려놓고 하나님 앞에서
오직 이 한 가지만 생각하십시오.
"최상의 주님께 나의 최선을 드리리라." 단호하게 결심하십시오.
온전히 그분을 위해, 오직 그분을 위해 살기로.
오스왈드 챔버스